Discutindo a História

O escravismo antigo

Mário Maestri

19ª edição

Atual Editora

Coleção **Discutindo a História**

Coordenação: Jaime Pinsky
Editor: Henrique Félix
Assistente editorial: Shirley Gomes
Preparação de texto: Renato Nicolai
Revisão: Noé G. Ribeiro
Maria Cecília F. Vannuchi
Chefe de arte: Tania Ferreira de Abreu
Diagramação: Marcos Puntel de Oliveira
Assistente de arte: Alexandre L. Santos
Ricardo Yorio
Produção gráfica: Antonio Cabello Q. Filho
Silvia Regina E. Almeida
José Rogerio L. de Simone
Maurício T. de Moraes
Projeto gráfico: Tania Ferreira de Abreu (capa)
Marcos Puntel de Oliveira (miolo)
Mapas: Sonia Vaz
Impressão e acabamento:
Log & Print Gráfica, Dados Variáveis e Logística S.A.
OP:286683

19ª edição / 4ª tiragem
2014

Dados Internacionais de Catalogação na Publicação (CIP)
(Câmara Brasileira do Livro, SP, Brasil)

Maestri Filho, Mário José, 1948-
O escravismo antigo / Mário José Maestri Filho – São Paulo : Atual, 1994. – (Discutindo a História)

Bibliografia.
ISBN 978-85-7056-536-5

1. Escravidão – Condições dos escravos 2. Escravidão – Grécia 3. Escravidão – Roma 4. Trabalho escravo I. Título. II. Série.

93-1216 CDD-305.56

Índices para catálogo sistemático:
1. Escravidão : Condições dos escravos : Sociologia 305.56
2. Escravidão : Sociologia 305.56

SARAIVA S.A. Livreiros Editores
Rua Henrique Schaumann, 270 – Pinheiros
05413-010 – São Paulo – SP

SAC
0800-0117875
De 2ª a 6ª, das 8h30 às 19h30
www.editorasaraiva.com.br/contato

816.843.019.004

Sumário

Bate-papo com o autor 1

1. Escravidão e escravismo na Antiguidade 5
2. O mundo grego: quadro geográfico 8
3. Escravidão em Micenas 12
4. Escravidão na Grécia homérica 18
5. Apogeu da escravidão na Grécia 27
6. O mundo romano: quadro geográfico 40
7. Roma arcaica 44
8. Escravidão e República 48
9. Apogeu do escravismo em Roma 53
10. A luta de classes na Antiguidade 68
11. Insurreição e escravismo 71
12. Fuga e escravismo 78
13. Justiçamento e escravismo 81
14. O escravo e o trabalho 84
15. Crise e superação do escravismo antigo 88

Cronologia 93

Bibliografia 96

Discutindo o texto 99

Para Florence Carboni,
Jacob Gorender,
Mário Nascimento e
Fernando Schüller.

Bate-papo com o autor

Mário Maestri nasceu em 1948, em Porto Alegre, Rio Grande do Sul. É casado e tem dois filhos, Marina e Gregório. Iniciou seus estudos, em História, na Universidade Federal do Rio Grande do Sul, em 1969. Em 1970, devido à situação política da época, foi viver no Chile, onde prosseguiu seus estudos no Instituto Pedagógico da Universidade do Chile. Em 1973, após o golpe militar naquele país, mudou-se para a Bélgica e ingressou na Université Catholique de Louvain, onde defendeu tese de mestrado e doutorado sobre a história da África negra e da escravidão colonial brasileira, respectivamente.

Em 1977, de volta ao Brasil, passou a trabalhar em diversas instituições de ensino universitário, entre elas a Universidade Federal do Rio de Janeiro. De 1984 a 1988, viveu em Milão, na Itália, onde se dedicou à pesquisa histórica e trabalhou como correspondente internacional de um diário brasileiro. Em 1990, realizou um projeto de pós-doutoramento em História, financiado pelo CNPq, na Bélgica. Trabalhou, de 1988 a 1993, no curso de pós-graduação em História da PUC-RS. Atualmente, é professor da Universidade Federal do Rio Grande do Sul.

Mário Maestri publicou quase 20 livros. Entre eles, no Brasil: *1910: A Revolta dos Marinheiros* (Global, 1982); *História da África negra pré-colonial* (Mercado Aberto, 1988); *Servidão negra* (Mercado Aberto, 1988); *Terra do Brasil* (Moderna, 1993). Na Itália, *Lo schiavismo coloniale* (Sellerio, 1989), *Storia del Brasile* (Xenia, 1990). E, na França, *L'esclavage au Brésil* (Karthala, 1991). Publicou dois livros de ficção: *Um caminho de sombras* (Mercado Aberto, 1987) e *Carcaça de negro* (Tchê, 1988).

A seguir, Mário Maestri responde a algumas perguntas relacionadas ao presente livro:

P. ***O que o levou a escrever um livro sobre um assunto aparentemente tão distante de nossa realidade?***
R. Durante mais de dois terços de sua história, o Brasil foi uma sociedade escravista, na qual as principais classes sociais eram os senhores e os escravos. Para melhor compreendermos a escravidão brasileira, é necessário estudarmos e analisarmos atentamente o escravismo antigo.

P. ***Quais as principais semelhanças e diferenças entre a escravidão antiga (Grécia e Roma) e a praticada no Brasil?***
R. O escravismo greco-romano sustentou uma economia e uma sociedade seminaturais. Apesar da produção voltada para o mercado, o trabalho escravizado destinava-se, sobretudo, à satisfação das necessidades do grupo familiar – o senhor, sua família, seus escravos, seus agregados. Na escravidão antiga, outras formas de trabalho subsistiram e desempenharam um importante papel ao lado da produção escravista. Na escravidão colonial, o trabalho escravo dominava plenamente e se orientava sobretudo para a mercantilização e para a exportação.

P. ***Há autores que afirmam que, devido às péssimas condições de vida, em média, o escravo brasileiro tinha quinze anos de vida produtiva, e até menos. Há condições de se fazer esse cálculo para o escravo greco-romano?***
R. Na Antiguidade, a expectativa de vida de qualquer indivíduo, livre ou escravo, rico ou pobre, era bastante baixa, devido a fatores como a alimentação, o trabalho, as doenças, as condições higiênicas e outros. Logicamente os ricos e os livres conheciam condições gerais de vida superiores aos pobres e aos escravos. Portanto, viviam mais. Entre os próprios escravos, as diferenças das condições de vida eram importantes. Em algumas minas da Antiguidade, um cativo mineiro sobrevivia aos duros trabalhos por apenas dois ou três anos. Muito menos do que um escravo doméstico e privilegiado de uma família rica. Tomando-se em consideração os limites das fontes disponíveis, é possível propor algumas estimativas demográficas exploratórias para algumas épocas e regiões da Antiguidade.

P. ***Por que você privilegia Grécia e Roma neste texto? Antes disso, não houve escravidão na história da humanidade?***
R. Na Antiguidade, a escravidão foi conhecida e praticada, em diversos graus, por muitos povos que antecederam ou sucederam os gregos e romanos. Foi na Grécia e em Roma que a produção escravista sobrepôs-se às outras formas de trabalho e determinou os mais distintos aspectos da vida econômica, social, política e cultural. Na Grécia e em Roma, ela deu origem a sociedades plenamente escravistas. Daí a importância e o interesse do estudo da instituição escravista antiga nessas regiões e épocas.

Endereço para correspondência com o autor:
C. P. 10220
90001 - Porto Alegre - RS - Brasil

1. Escravidão e escravismo na Antiguidade

Um indivíduo submetido pela força não é, necessariamente, um escravo. Comunidades primitivas aprisionavam inimigos para sacrificá-los em cerimônias. Na costa do Brasil, os tupinambás capturavam adversários e os sacrificavam e devoravam em concorridas festanças. Nem mesmo a compra de seres humanos com objetivos econômicos cria, forçosamente, relações escravistas. Na África negra, cativos eram adquiridos e incorporados às comunidades aldeãs. Tornavam-se membros socialmente inferiores das comunidades hospedeiras, mas participavam delas com direitos e deveres delimitados.

Quatro determinações devem estar necessariamente presentes em uma forma de dependência social para que possamos defini-la como escravista. O cativo deve ser considerado como uma simples mercadoria. Portanto, estar sujeito às eventualidades próprias aos bens mercantilizáveis – compra, venda, doação, aluguel, penhora etc. O senhor deve poder decidir onde, como e quando empregá-lo. A totalidade do produto do trabalho do cativo deve pertencer ao amo. Ao menos formalmente, a quantidade e a qualidade da remuneração que o cativo recebe sob a forma de alimento, habitação, vestimentas etc. devem depender da vontade senhorial. Finalmente, o *status* servil deve ser vitalício e hereditário.

O escravismo é um fenômeno algo recente na história da humanidade. Ele teria surgido, em forma germinal, pelos anos 3000 a.C.*, no sul da Mesopotâmia e no Egito. O escravismo pressu-

* Quando não expressamente assinalado, nos referimos a um período anterior a nossa era, isto é, antes de Cristo.

punha certo nível de desenvolvimento das forças produtivas materiais (força de trabalho, ferramentas, matérias-primas, técnicas etc.) e das relações sociais de produção da sociedade (relações estabelecidas, a partir de certo nível de desenvolvimento das forças produtivas, entre as classes que possuem ou que detêm os meios de produção e as classes produtoras). O homem só se apropriou plenamente de seu semelhante e, portanto, de parte do produto de seu trabalho, quando determinadas condições históricas estavam reunidas. Inicialmente, era necessário que o cativo produzisse – de forma sistemática e ininterrupta – bens acima de suas necessidades mínimas vitais. Assim, poderia entregar um excedente ao senhor, em produtos ou em serviços. A renda escravista justificava os gastos e a preocupação dos senhores com a vigilância e o submetimento dos cativos.

Relações escravistas também exigiam um certo nível de desenvolvimento da produção destinada ao comércio e, para se generalizarem, da atividade comercial, da circulação monetária e da apropriação privada da terra. Outras formas de exploração servil – entre elas, de esposas, de jovens, de agregados, de estrangeiros – correspondiam melhor às sociedades aldeãs organizadas a partir da posse coletiva da terra. Foi a dissolução das comunidades de agricultores e de artesãos (coeridos pelo domínio comum da terra e por laços de sangue e de parentesco) que permitiu a gênese de relações e de sociedades escravistas. Como permitiu também o desenvolvimento de outras formas de crescente submissão servil.

Necessariamente, a existência de cativos não determina que uma sociedade conheça produção escravista. E, muito menos, que constitua uma sociedade escravista. Em um contexto no qual dominavam outras modalidades de exploração do trabalho, um homem escravizado podia ser empregado em tarefas improdutivas (entre outras, pajem, guarda-costas, soldado, concubino). Na Antiguidade, os palácios orientais possuíam grande quantidade de escravos eunucos, destinados a tarefas administrativas, domésticas e familiares.

Em algumas sociedades, o trabalho escravo coexistia timidamente com outras formas de produção social – dominantes e mais dinâmicas. Temos produção escravista quando uma parcela dos bens sociais é produzida, em forma plena e sistemática, pelo trabalho escravo. Uma sociedade pode ser definida como escravista quando a produção escrava submete as outras formas de produção e a própria formação social à sua dinâmica. Mesmo as sociedades mais profundamente escravistas conheceram, sempre, formas de produção não escravistas.

Na Antiguidade, diversas civilizações utilizaram trabalhadores escravizados em atividades produtivas e improdutivas. Foi na Grécia, em geral, e em Atenas, em particular, que o trabalho escravo atingiu um primeiro apogeu e deu lugar a verdadeiras sociedades escravistas. Roma, nos dois últimos séculos da República e nos dois primeiros do Império, conheceu a maturação, o apogeu e a crise da produção escravista antiga. Neste pequeno livro, restringimos nossa análise das características mais gerais da escravidão e do escravismo antigo ao estudo da instituição na Grécia e em Roma (península Itálica e Sicília).

Devido aos objetivos desta coleção, raramente utilizamos citações ou referências. Citamos na bibliografia os principais trabalhos consultados. Revimos, corrigimos e ampliamos o texto original, publicado pela primeira vez em 1984.

2. O mundo grego: quadro geográfico

O mundo helênico nasceu e desenvolveu-se em um quadro geográfico bem mais amplo do que o da Grécia contemporânea. A ilha de Creta, a Grécia continental, a costa egeia da Ásia Menor, as ilhas dos mares Jônico e Egeu foram o seu berço inicial. As características geoecológicas dessas regiões – que chamaremos de Grécia – condicionaram profundamente a gênese e o desenvolvimento da sociedade grega. Com o decorrer dos séculos, parcelas do litoral do mar Negro, da Sicília, do sul da Itália e de outras regiões assumiram também uma grande importância para a Hélade. Esses últimos espaços geográficos escapam dos quadros do presente ensaio.

Como hoje, a Grécia europeia, a asiática e a insular constituíam espaço muito homogêneo quanto a relevo, clima, vegetação e solos. Fortemente caracterizada pelo afundamento tectônico que deu origem ao mar Egeu, essa região possui relevo bastante montanhoso. Na Grécia europeia, as montanhas apresentam-se com um sentido norte-sul, o que dificulta o deslocamento humano terrestre que não obedece a tal orientação.

Se as elevações rochosas dificultam os contatos humanos, o mar facilita-os sobremaneira. Uma verdadeira infinidade de golfos e baías recorta o litoral grego e determina que, na Grécia central, nunca se esteja a mais de sessenta quilômetros do mar. As inúmeras ilhas do mar Egeu facilitavam também aventuras marítimas a navegadores pouco práticos ou mal aparelhados. Portanto, os mares gregos constituíam fonte de riqueza alimentar e caminho a ser trilhado.

A pobreza da Grécia em terras para cultivo e pastoreio orientou os primitivos ocupantes dessas regiões para o mar. Excetuando algumas regiões, como a Tessália, a Macedônia, a ilha de Creta, entre outras, os campos eram pobres. Eles pouco podiam produzir e menos ainda revelar. Os solos escondiam apenas pequenas jazidas de prata, ferro, cobre e outros minerais. Em compensação, a argila, o mármore e a pedra de construção eram relativamente abundantes e de ótima qualidade.

As ruínas encontradas na ilha de Creta e também nas costas da Grécia dão um atestado da importância da ilha cretense como notável centro cultural, econômico e comercial.

O clima era benigno e saudável. Como hoje, o inverno apresentava-se chuvoso e bastante frio. Ao contrário, o verão era seco e muito quente. Sempre próximo, o mar garantia sua influência amenizadora. Entretanto, na estação fria, a neve castigava duramente algumas dessas regiões, sobretudo as mais altas. Se as chuvas abundantes tornavam a irrigação desnecessária, muitos rios secavam no verão. Nesse contexto, culturas arborescentes como a parreira e a oliveira eram alternativas quase obrigatórias.

As características geoecológicas da Grécia facilitavam uma ocupação humana dispersa, voltada para o mar e assentada sobre culturas de sequeiro. Porém, a gênese do "milagre" civilizatório grego torna-se incompreensível ou assume um caráter quase místico se esquecermos outra particularidade desses territórios. Eles

Grécia e Creta

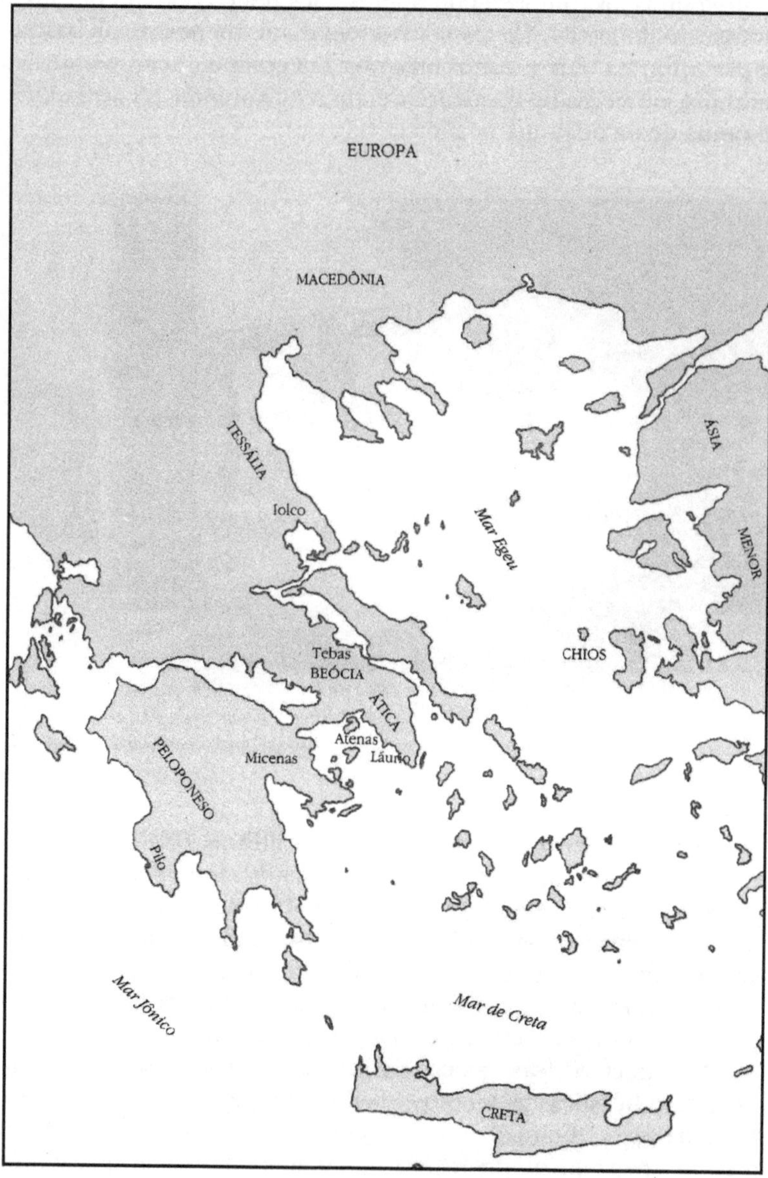

estavam geograficamente em ótimas condições para receber o influxo civilizatório das grandes e avançadas civilizações orientais.

As "tribos" que originaram o povo grego chegaram do Norte. O essencial do *background* civilizatório da Hélade se deve ao Mediterrâneo oriental. Não seria incorreto dizer que tudo começou em Creta, bela e montanhosa ilha, de clima suave e solos férteis, onde se desenvolveu a refinada civilização minoica. É apenas devido à carência de fontes mais precisas sobre as relações sociais no mundo minoico-cretense que este ensaio parte do estudo da escravidão na civilização micênica. Nascido na Grécia continental, o mundo micênico sofreu uma importante influência da cultura e das instituições minoicas.

3. Escravidão em Micenas

Temos indícios seguros de que a Grécia micênica conheceu formas de escravidão. O que sugere ter o mesmo ocorrido com a sociedade minoica que a precedeu e a influenciou profundamente. Porém, pouco sabemos sobre a organização econômica, política e social cretense. Ao contrário, a decifração (1952) da escritura linear B (*c.* 1400-*c.* 1200) permitiu conhecimentos mais amplos e seguros, ainda que imprecisos, sobre os micênios. Com essa decifração, os dados já fornecidos, sobretudo pela literatura homérica e pela Arqueologia, foram muito valorizados. Hoje é possível traçar um perfil aproximado do mundo dos grandes heróis da Idade do Bronze.

Acredita-se que o passado remoto do mundo grego deite raízes na passagem do terceiro ao segundo milênio antes de nossa era (*c.* 1900), quando populações adventícias falando uma língua indo-europeia ingressaram na Grécia, vindas do Norte ou chegadas do mar. Nessa época, a civilização minoica da ilha de Creta (*c.* 2400-*c.* 1400) encontrava-se já estruturada e mantendo estreitas relações comerciais e culturais com diversas regiões do Mediterrâneo.

Possivelmente chegados em levas descontínuas, no início, esses "invasores" estabeleceram-se na Grécia peninsular. Os fundadores do mundo micênico falavam uma forma de grego arcaico. Pouco se sabe sobre os séculos seguintes. Porém, tem-se certeza de que a influência minoica foi de grande importância para o surgimento da civilização micênica. Já se acreditou que esta última se teria originado de uma colônia minoica no continente.

O mundo micênico era constituído de uma série de pequenos Estados tributários e independentes. Eles tinham como centro cultural, político, social e econômico o palácio real, com suas vastas e complexas dependências, armazéns e oficinas artesanais – joalheria, carpintaria, tecelagem, curtume, perfumaria etc. O conjunto dessas instalações – a cidadela –, em geral protegido por imponentes muralhas, servia de residência para o rei-sacerdote – *wanax* – e seus imediatos.

Ruínas de Micenas, que era cercada por imensos muros de pedra.

A produção artesanal mais refinada, o comércio de longa distância e o recebimento dos tributos pagos pelas comunidades aldeãs eram centralizados na cidadela. A plebe vivia nas aldeias – unidades produtivas semiautônomas que cercavam a cidadela. O conjunto cidadela-aldeias constituía a cidade micênica. Esse

As formações micênicas eram classistas, centralizadas e "burocráticas". Acima, estátua, em chumbo, de um jovem aristocrata minoico, de busto esguio e pano a cingir os rins.

complexo socioeconômico era administrado por funcionários que se serviam da chamada escrita linear B (desenvolvida a partir da minoica) para controlar a economia. Os nobres e principais funcionários viviam na cidadela.

Iolco, Tebas, Atenas, Micenas, Pilo foram alguns dos principais Estados micênicos. A literatura homérica – sobretudo a *Ilíada* – refere-se amiúde a eles, ainda que em contextos, no geral, anacrônicos. A civilização micênica teria conhecido um provável apogeu na passagem do século quinze ao quatorze, e sua crise final em torno dos anos 1100. O interregno que separa o fim do mundo micênico e a chamada Era Homérica já foi tido como uma verdadeira "Idade Média" – tempo de trevas, de violência, de desordem. Nesse período, ainda pouco conhecido, sucederam-se essenciais transformações que singularizaram o mundo grego em relação às outras civilizações do Mediterrâneo.

Escravidão e escritura

Não basta contrapor o "individualismo" grego às comunidades centralizadas e "burocráticas" do Oriente Próximo, como se costuma fazer. É necessário explicar as singularidades das sociedades micênicas (classistas, centralizadas e burocráticas) que, no contexto da crise da coesão da comunidade aldeã, deram origem a formações sociais baseadas na posse privada e individual da terra

– como vimos, fenômeno imprescindível à gênese de uma produção escravista madura.

A sociedade micênica serviu-se da escritura linear B para administrar a complexa economia articulada em torno do palácio do *wanax*. O principal suporte utilizado nessa escritura era uma plaquinha de argila. A escritura era grafada na pasta com um estilete e, então, o pequeno ladrilho era posto a secar ao sol. Milhares desses registros foram encontrados e decifrados. São sobretudo as plaquinhas encontradas em Pilo, Micenas e Tebas que informam sobre a "escravidão" micênica.

O fato de essas fontes referirem-se a apenas algumas regiões; o caráter heterogêneo dos Estados micênicos, que ultrapassaram os limites da Grécia continental; as complexas transformações sociais que eles viveram através dos anos, entre outros elementos, ressaltam o caráter aproximativo de qualquer afirmativa sobre a organização do mundo heládico.

As plaquinhas palacianas revelam centenas de indivíduos arrolados sob a categoria de *doero/doera* (mais tarde, *doulos/doule*). Na Época Clássica posterior, esse vocábulo designava o escravo, ainda que, em forma geral, significasse submissão jurídica, psicológica etc. Alguns filólogos derivam esse termo micênico da raiz indo-europeia *dos (dos-e-lo)*, com o sentido de "inimigo", "bárbaro" (estrangeiro), "servidor".

Do ponto de vista jurídico, o *doero* subdividia-se em duas grandes categorias: a dos escravos "privados" e a dos escravos "divinos". No primeiro caso, encontravam-se os cativos pertencentes a particulares. Na documentação micênica, esses homens e mulheres eram assinalados simplesmente como *doero*. Nessas ocorrências, o nome do senhor precedia em geral o designativo categorial. Fato importante: temos um registro de uma operação de compra e venda de um *doero*.

A categoria mais numerosa parece ter sido a dos escravos divinos – os *teojo doero*. Em relação aos escravos privados, ela era detentora de *status* social superior. O escravo do deus possuía certos direitos de propriedade e participava com os nao escravos em associações religiosas. Nos registros conhecidos, os escravos divinos ultrapassavam numericamente os privados, como arrendatários de lotes de terrenos "controlados" pelos deuses ou por dignitários micênicos. O *teojo doero* podia também portar um nome composto, o que devia ser sinal de distinção.

Realidade pouco conhecida

A produção e a reprodução da população escrava eram asseguradas provavelmente pelo crescimento vegetativo do grupo servil e pela obtenção de cativos estrangeiros – por meio de guerras, razias, comércio etc. É interessante ressaltar que muitos desses escravos portavam um nome étnico que indicava serem provenientes de outros Estados micênicos ou de regiões ainda mais longínquas. Segundo parece, casamentos mistos entre escravos e não escravos eram comuns.

O estudo da escravidão micênica é essencial para o conhecimento do escravismo grego do milênio seguinte. É elucidativa a continuidade etimológico-semântica entre vocábulos da Era Micênica e da Era Clássica referentes à posse/propriedade de um ser humano para objetivos produtivos. Porém, a documentação conhecida é lacunosa e pouco esclarecedora, em muitos domínios.

No relativo ao mundo micênico, pouco sabemos de aspectos essenciais da instituição servil – tais como, entre outros, o caráter perene, hereditário e absoluto da posse do escravo. Não sabemos se, após serem consagrados, os escravos divinos podiam ser vendidos. Se, ao menos formalmente, toda a produção do *doero* era devida ao senhor ou ao templo, ou se ele era obrigado a pagar apenas uma renda delimitada. Se os descendentes dos cativos – privados e divinos – mantinham o mesmo *status* que os genitores. Desconhecemos a situação exata da prole resultante de casamentos mistos.

Inúmeras e essenciais questões permanecem sem resposta. Entretanto, já é importante a simples existência de relações sociais reduzindo o homem à situação de propriedade – em alguns casos, no mínimo, alienável. É também importante a diferenciação que se vislumbra entre escravos divinos e privados. Nesse sentido, esta última categoria social parece melhor corresponder à instituição escravista como será conhecida no mundo greco-romano. Ao menos como uma forma arcaica, embrionária e pouco desenvolvida da instituição escravista dos séculos posteriores.

O mundo micênico teve o essencial de sua riqueza assentado sobre a exploração da comunidade aldeã, livre e tributada pelo poder central. Em geral, as comunidades aldeãs gentílicas incorporavam produtores forâneos sob o contexto de relações servis variadas, em geral não hereditárias. Entretanto, entre essas relações e a escravidão praticada pelas classes senhoriais micênicas subsistem diferenças de qualidade.

A gênese, o desenvolvimento e a crise da categoria social *doero,* nas suas duas grandes vertentes, apenas se esboçam diante de nossos olhos. Qualquer explicação sobre ela assume um caráter exploratório. Como hipótese, avançaríamos terem os escravos privados constituído um segmento conhecedor da escravidão como forma de submissão social produtiva. O caráter dependente dessa produção escravista parece também provável. Ao nível atual dos conhecimentos, torna-se ainda mais difícil definir os escravos divinos como trabalhadores escravizados ou como cativos incorporados à produção social micênica através de relações servis não escravistas.

4. Escravidão na Grécia homérica

A crise da civilização micênica (*c.* 1100) estendeu sobre a Grécia uma verdadeira "idade das trevas". Ao menos assim acreditam inúmeros historiadores. Para eles, essa verdadeira hecatombe civilizatória seria devida aos invasores dóricos que teriam aniquilado os grandes reinos micênicos. Entretanto, fora vestígios linguísticos, não se encontram traços arqueológicos dos dórios – cerâmica, artefatos metálicos etc. O que pode sugerir a pouca influência desse povo naquela crise, sua autoctonia grega ou, até mesmo, a sua inexistência.

A historiografia deve apreender os aspectos superestruturais de uma sociedade no contexto do desenvolvimento de sua base econômica material. Uma comunidade organizada em torno de uma classe dominante restrita e centralizada pode erguer obras arquitetônicas monumentais, conhecer um refinado artesanato e organizar contatos comerciais com longínquas regiões. O que não é contraditório com um escasso desenvolvimento das capacidades produtivas e da organização social do trabalho. Uma sociedade não centralizada e com uma classe senhorial dispersa pode assentar-se sobre realidade econômico-produtiva mais desenvolvida, apesar de aparentar, em relação à anterior, devido à dispersão da riqueza social, maior pobreza civilizatória.

Com a transição do mundo micênico à chamada Época Homérica, chegava-se ao fim da Idade do Bronze e ao início da Idade do Ferro. Os Estados micênicos deviam parte de seu poder ao monopólio de um comércio marítimo que buscava, em arriscadas viagens, nas costas meridionais da atual França e da península Ibérica, o estanho (estanho + cobre = bronze). Os reinos micênicos deram lugar a sociedades de menor porte, mais dispersas, talvez menos "refinadas", mas economicamente mais produtivas. Os grandes e magnificentes nobres micênicos foram substituídos por uma infinidade de rústicos senhores homéricos. As razões do fim dos tempos micênicos se encontram nesse processo e não nos semimíticos invasores dóricos.

Muito mais "barato", o ferro era metal democratizante. As armas dos nobres – quase semideuses – micênicos eram de bronze; os instrumentos de trabalho mais comuns, da plebe aldeã, eram de pedra, madeira e osso. A descoberta da metalurgia do ferro permitiu ferramentas qualitativamente mais resistentes e produtivas. Muitas serviam tanto na guerra como na paz. As armas ofensivas tornaram-se acessíveis a amplas camadas da população. Os campos cultiváveis expandiram-se com o desmatamento permitido pelo machado metálico. O arado de relha de ferro permitiu o trabalho dos solos mais duros. Ferramentas de ferro facilitaram e aperfeiçoaram a construção de residências e de embarcações. Em verdade, tais transformações já se haviam iniciado, no fim do segundo milênio, com uma importante banalização do uso do bronze.

Por volta dos anos 800 antes de nossa era, o chamado alfabeto fenício foi adaptado às exigências da língua grega, dando origem a uma escrita silábica. Em uma das ilhas do mar Egeu ou na península da Ásia Menor, cinquenta ou cem anos mais tarde, foram escritas – com uma ou duas gerações de intervalo –, respectivamente, a *Ilíada* e a *Odisseia*, obras que a tradição apresentou como de autoria do poeta Homero. Possivelmente um pouco mais tarde, Hesíodo – um poeta grego nascido na Beócia, no seio de uma família de poucos recursos – cantaria a dura vida do agricultor, na Idade do Ferro, em *Os trabalhos e os dias*.

Passado distante

Chamamos de Idade Homérica os mais de três séculos de civilização que separam o fim do mundo micênico do chamado Período Arcaico. Isso devido à importância que as obras de Homero assumem para o conhecimento dessas épocas. A obra de Hesíodo é igualmente de essencial importância para o estudo desses recuados tempos. Portanto, os historiadores contam para esses anos com fontes históricas literárias inexistentes para o Heládico.

A akropolis *(ao fundo) situava-se no ponto mais alto das formações urbanas e era, desde a Grécia homérica, local de defesa e centro religioso.*

Essa literatura fornece ricos detalhes sobre os tempos homéricos. Mas nos colocam grandes problemas metodológicos. Nos casos da *Ilíada* e da *Odisseia*, as dificuldades são ingentes. Esses poemas épicos foram redigidos a partir de uma literatura oral elaborada antes da fixação, por escrito, dos relatos. Neles, podemos encontrar reminiscências da Idade Micênica. Porém acredita-se que a civilização grega dos séculos décimo e nono teria servido como principal substrato dos poemas. Por outro lado, nas duas obras, entrevemos realidades contemporâneas à redação dos poemas – o século oitavo, possivelmente. É crível que nenhuma obra literária desse recuado passado tenha chegado até nós isenta de interpolações – acidentais ou não – ocorridas na Antiguidade ou na Idade Média.

Apesar dessas dificuldades, esses escritos e os vestígios arqueológicos conhecidos sugerem para a Idade Homérica uma realidade civilizatória qualitativamente distinta da do mundo micênico.

Foi tamanha a importância dessas transformações que muitos autores fixaram, de forma arbitrária, esses tempos como o início da civilização helênica.

A Grécia homérica foi um mundo essencialmente rural. A cidadela micênica já fazia parte de um passado do qual se tinha apenas tênue lembrança. Por sua vez, a *polis* pertencia ainda ao futuro. Os burgos da Grécia da Idade do Ferro reduziam-se a pequenos centros urbanos onde os homens livres se reuniam periodicamente para as práticas religiosas, decisões políticas e trocas mercantis locais. O comércio e a política realizavam-se na *agorá* – qualquer coisa entre praça de reuniões e mercado local; os atos religiosos, na *akropolis*, também centro de defesa.

O homem pós-micênico vivia e trabalhava em meio rural. A unidade econômico-social dominante era o *oikos* – célula quase autárquica de produção e consumo, organizada sob a autoridade de um pai de família. A grandiloquência de Homero não deve iludir-nos. Despido de seus epítetos épicos, Ulisses aparece na *Odisseia* mais como um misto de aventureiro e camponês enriquecido, que volta para casa, do que como um poderoso suserano. Nada sangrava mais o coração de seu filho Telêmaco do que ver a adega e o celeiro paternos atacados pela sede e pelo apetite sem fim dos pretendentes de Penélope, sua mãe. Preocupações dignas de um camponês somítico e indignas de um príncipe com pretensões à realeza.

Num sentido amplo, os *oikeus* eram todos os homens e mulheres dependentes de uma casa patriarcal: fossem descendentes do senhor, seus escravos ou homens livres agregados, de forma permanente ou não, à família ampliada. Toda essa pequena população, do patriarca até o mais mísero escravo, aplicava-se nas mais diversas tarefas da economia familiar. Nela, o pastoreio, a agricultura, a pesca e o artesanato constituíam as principais ocupações.

Trabalho em família

Nos primeiros tempos, a criação animal sobrepôs-se à própria agricultura. Criavam-se porcos, ovelhas e gado vacum. A criação de equinos – verdadeiro luxo – não era comum a todas as regiões. Desses rebanhos, obtinham-se carne, leite, couro, lã etc. A agricultura era outra importante atividade. Usava-se o arado tracionado por bois ou mulos para amanhar a terra, em geral por três vezes. Os grãos de trigo e, sobretudo, os de cevada eram colhidos com foicinhas e debulhados pelas patas de bovinos sobre terreno para isso preparado. Além da cultura cerealífera, praticava-se a horticultura. Os pomares eram comuns. A vinha recebia especial atenção. Ela produzia uvas para a mesa e para o fabrico do vinho.

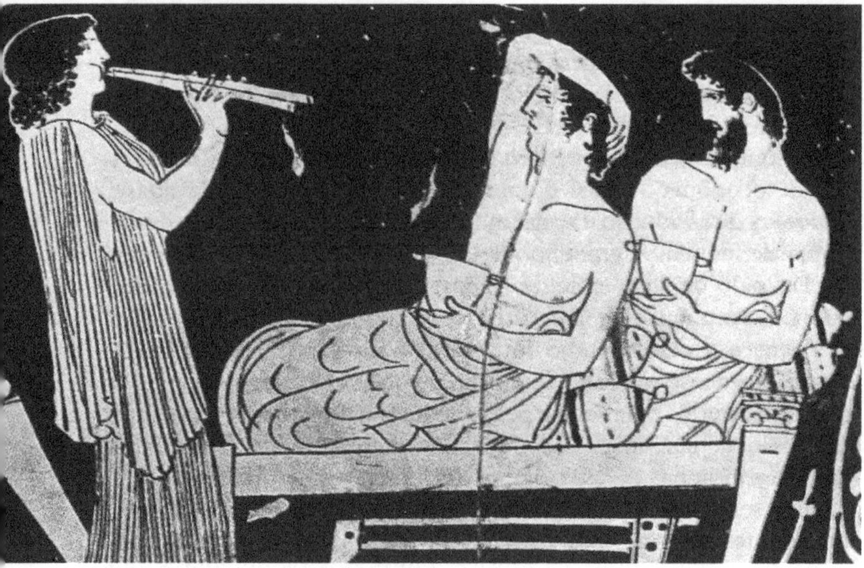

Os demiourgos *só eram chamados aos* oikos *em ocasiões especiais. Acima uma tocadora de flauta entretém convidados.*

Nas montanhas e nos vales, os *oikeus* ocupavam-se no pastoreio e na agricultura. No complexo residencial, eram igualmente ativos. Preparavam o vinho, conservado em odres de pele de cabra; fiavam e teciam a lã; moíam os grãos e cozinhavam os alimentos. Outra importante atividade era a cerâmica, que produzia os principais artefatos de argila exigidos pela economia doméstica. As unidades produtivas estáveis e ricas dos tempos homéricos eram autossuficientes no relativo às suas maiores necessidades de consumo.

Em tempos normais, um rico *oikos* pouco dependia do exterior. Os *demiourgos* – artífices e trabalhadores especializados – eram chamados apenas em ocasiões singulares. Uma enfermidade que ultrapassasse a ciência da medicina caseira, uma importante festa eram algumas das circunstâncias que podiam exigir a presença de um médico, de um adivinho ou de um cantor. A colaboração de um marceneiro-pedreiro era imprescindível às obras mais complexas da residência senhorial. E assim por diante. O *oikos* dependia sobretudo do metalurgista. Como já vimos, o subsolo da Grécia era pobre em metais. Era comum que a matéria-prima viesse do estrangeiro e fosse fornecida ao *calkeus* para o fabrico e o conserto dos objetos metálicos.

Em relação ao mundo micênico, a civilização homérica constituiu um real enriquecimento da economia aldeã. Esta não se encontrava mais dependente de uma autoridade centralizante, como no período anterior. Os pequenos senhores eram suficientemente ricos para importarem as matérias-primas necessárias. O metal tornara-se relativamente barato e abundante. O artesão especializado alugava a sua habilidade ou vendia os seus produtos sem mercadejar sua independência. Igualmente independente, percorria as aldeias e as residências senhoriais oferecendo serviços e mercadorias.

Essa realidade geral assentava-se sobre novas formas de apropriação da terra, que não era mais controlada pelos "deuses" ou pelos dignitários. Ao lado de campos e florestas comunais, as propriedades e os lotes individuais indicavam a crise da posse gentílica da terra e o dinamismo da propriedade privada como instituição emergente. O domínio da terra – essencial meio de produção – era já o grande divisor da riqueza social. Ao lado de uma rica aristocracia camponesa, havia pequenos proprietários que apenas se sustentavam.

Esse contexto civilizatório enquadrou as relações escravistas conhecidas pelo mundo homérico. Nessa conjuntura histórica, a escravidão assumiu uma importância desconhecida no Heládico. O escravo constituía um componente essencial – ainda que não exclusivo – da força de trabalho do *oikos*. Na economia familiar da Idade do Ferro trabalhavam o senhor e seus descendentes. Também alguns homens e mulheres livres agregavam-se a essa unidade. Os *tetus* – trabalhadores temporários desqualificados – eram contratados quando necessário. Porém esse todo era inconcebível sem os cativos. O agricultor pobre esforçava-se para comprar uma escrava ou um escravo para labutar duramente ao seu lado. Hesíodo recomendava particular cuidado na aquisição dos primeiros cativos.

Vida penosa

Os escravos homéricos ocupavam-se em todas as tarefas do *oikos*. Eles permaneciam nas montanhas guardando o gado; cuidavam das pocilgas; amanhavam a terra, plantavam e colhiam. As mulheres escravizadas dedicavam-se sobretudo às não menos fatigantes tarefas domésticas. Moviam a pesada mó ou o pilão com que trituravam os grãos; fiavam e teciam; buscavam água; preparavam o pão e os alimentos. Para cativos e cativas, as tarefas eram múltiplas e estafantes. As tarefas rústicas e domésticas menos pesadas eram deixadas às crianças escravizadas e aos escravos mais idosos.

A existência do escravo homérico era penosa. Nada, porém, comparável às miseráveis condições de vida e de trabalho do futuro escravo americano assenzalado. As maiores propriedades da Idade do Ferro não ultrapassariam vinte hectares. Quase toda a atividade da célula produtiva destinava-se à satisfação das necessidades de consumo do *oikos*. O ideal almejado era a autossuficiência. Procurava-se comprar o mínimo possível no exterior. Portanto, um mundo onde não havia espaço para a monocultura ou para atividades voltadas sobretudo para a mercantilização. As dificuldades do transporte terrestre restringiam, a poucos quilômetros, o raio de ação mercantil de uma unidade produtiva. E, em geral, todas elas produziam os mesmos produtos.

As atividades marítimas – misto de pirataria e comércio – voltavam-se sobretudo para as mercadorias de luxo. A produção de uma "fazenda" da Idade do Ferro regulava-se pelas suas próprias necessidades gerais de consumo. Repostos os bens gastos na produção, financiadas as mercadorias forçosamente compradas no "estrangeiro" e supridas as necessidades de consumo dos membros do *oikos*, não havia sentido para maior atividade. A esfera de produção natural dessa unidade econômica impunha-se amplamente sobre a de produção mercantil.

No *oikos*, o amo era senhor da vida e da morte de seu escravo. Entretanto, a proximidade entre amo e cativo, o envolvimento senhorial na produção, o conteúdo natural, solidário e plurifacetário das atividades produtivas punham limites à sua exploração. O escravismo homérico assumiu um caráter patriarcal. Porém não esquecendo o quão pesada pode ser a mão do pai-patrão. O amo, muitas vezes intransigente e brutal com o cativo, também o era com seus descendentes e agregados. Em verdade, a própria esposa do patriarca constituía uma espécie de escrava qualificada. E suas escravas, esposas desqualificadas.

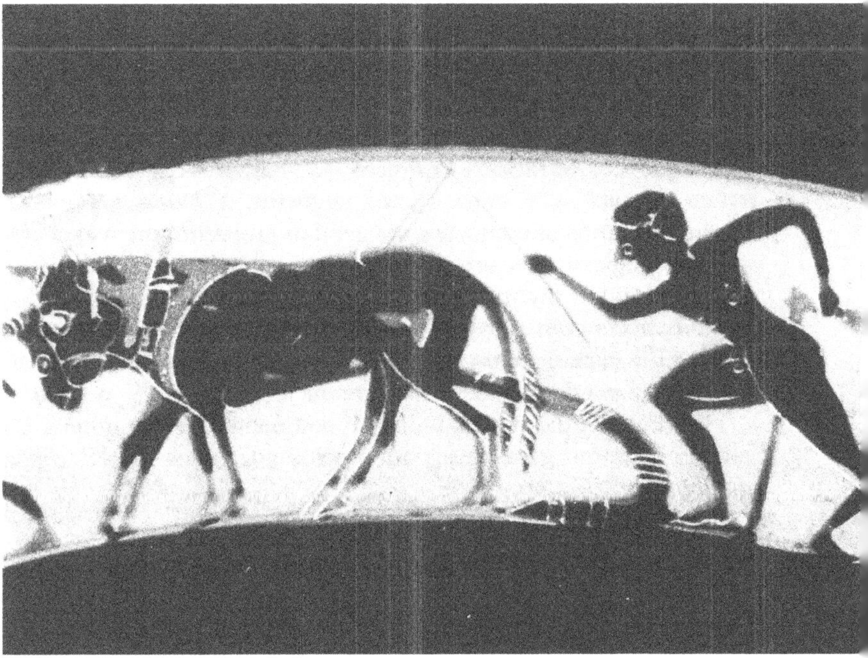

O escravo era componente essencial, ainda que não exclusivo, da força de trabalho dos oikos. *Mesmo o agricultor pobre possuía uma escrava ou um escravo.*

O escravo participava do *oikos* como um membro do grupo familiar submetido à vontade senhorial, a uma maior carga de trabalho e a um menor nível de consumo. Se simpático ao amo, podia secundá-lo em tarefas de maior responsabilidade. Então, conhecia uma vida relativamente aprazível. Podia acumular um pecúlio e chegar a possuir escravos. Laertes, o fiel cativo de Ulisses, almejava receber do senhor uma esposa e acumular bens próprios. O que significaria a máxima superação possível da condição escrava, no seio do próprio *oikos*. Por outro lado, o alto valor dos cativos recomendava contenção no seu trato e alguma preocupação com sua prole. Entretanto, Hesíodo desaconselhava a procriação interna ao *oikos*, tida como prejudicial à economia doméstica. Uma política talvez seguida sobretudo pelos senhores menos ricos.

Conhecemos muito mais sobre a escravidão na Idade do Ferro do que sobre a instituição nos tempos micênicos. No entanto, faltam-nos ainda dados precisos sobre significativos aspectos do escravismo nessas épocas. A produção do cativo não é um problema. A *Ilíada* e a *Odisseia* informam que o roubo de crianças e mulheres, a pirataria e o saque dos territórios helênicos ou "bárbaros" alimentavam o tráfico de cativos. E eram ótimos negócios. A *Ilíada*, sobretudo, sugere que, após os combates, em geral os guerreiros eram executados. Privilegiava-se a escravização de mulheres e crianças, mais fáceis de serem incorporadas ao grupo familiar. Os filhos dos homens livres com cativas eram tidos como livres. Tudo isso nos indica uma instituição escravista, ao menos nos primeiros tempos, ainda tributária de relações servis gentílicas.

Na literatura homérica, utiliza-se raramente o termo *doulos*. Os cativos eram em geral designados pelos vocábulos *oikeus*, *dmôs*, *amphipolos*.

5. Apogeu da escravidão na Grécia

Os historiadores da Antiguidade fixam os anos 750 – início da disseminação mediterrânica das colônias gregas – como fim dos Tempos Homéricos e começo da Idade Arcaica. Esse período terminaria com a invasão persa da Grécia, em 480, dando lugar à Era Clássica, que se prolongaria até a unificação macedônica do mundo helênico. Os períodos Arcaico e Clássico são essenciais para o estudo da escravidão na Grécia. São os anos da gênese e do desenvolvimento da cidade-Estado, ou seja, da urbanização de importantes regiões da Hélade.

Na sala de aula, dois estudantes aprendem música e leitura. À direita está sentado o pedagogo, escravo que levava os estudantes à escola.

Durante a Idade do Ferro Antiga, comunidades de agricultores espalharam-se pelas escassas terras férteis da Grécia. Com as ferramentas de ferro, pastagens e matas transformaram-se em campos agrícolas. O crescimento demográfico e a partilha familiar da terra determinaram excessos populacionais relativos. Tudo isso no contexto de uma sociedade que se tornava mais complexa e mais refinada. A carência de terras obrigou as novas gerações a migrarem. Para significativas parcelas do mundo grego, a solução foi a expatriação e a colonização.

A partir dos anos 750, por um século e meio, pequenas comunidades sedentas de terras estabeleceram-se no sul da Itália (Magna Grécia), na Sicília, nas costas do mar Egeu norte e do mar Negro etc. Quando o movimento esmoreceu, mais de duzentas povoações gregas localizavam-se naquelas áreas. Essas colônias de agricultores livres mantinham laços afetivos e econômicos com a Grécia e, sobretudo, com as cidades-mães. O comércio entre as "colônias" e as "metrópoles" desenvolveu-se de forma significativa. As cidades-mães importavam cereais e outras matérias-primas. As colônias, manufaturados e serviços. Com a importação de alimentos, as cidades da Grécia acolheram uma crescente população e seu artesanato refinou-se sobremaneira.

A metamorfose das aldeias em cidades determinou essenciais modificações na sociedade helênica. Na periferia dos centros urbanos desenvolveu-se uma agricultura mercantil especializada no abastecimento da população citadina. Importantes ramos artesanais romperam seus vínculos com a economia rural. A divisão do trabalho aprofundou-se. O comércio e as finanças tornaram-se práticas sociais especializadas. As atividades artísticas e intelectuais aprimoraram-se. As transformações materiais do mundo pós-homérico encetaram complexos fenômenos sociopolíticos.

Vida urbana

A aristocracia agrária dominante fixou residência nas cidades, onde se dedicou intensamente à política, nova forma de enriquecimento e perpetuação de seu poder. Com uma divisão mais complexa da atividade produtiva, surgiram novos setores sociais urbanos. Logo, artesãos, comerciantes, banqueiros etc. abocanharam parte da riqueza social e exigiram parcela do poder político. As principais cidades mercantis da Grécia agasalharam crescentes quantidades de estrangeiros e de escravos dedicadas a múltiplos misteres. Por esses tempos, os principais apelativos dos escravos eram *doulos* e *andrapodon*.

No Período Clássico, Atenas tornou-se o principal centro do mundo mediterrânico. Os cidadãos, metecos e escravos ocupavam-se em múltiplas atividades. Acima, um mercador, ajudado por dois rapazes, tenta equilibrar os pesos de uma balança.

A ordem político-social da Idade do Ferro Antiga sofreu profundas modificações. O crescente domínio da propriedade privada como base da riqueza social solapava as formas aristocráticas de governo. No século sétimo, sob a direção dos tiranos, proprietários rurais plebeus enriquecidos questionaram o *status quo* tradicional. Em 594, Sólon aboliu a escravidão por dívidas e reformou as instituições políticas atenienses. Estas passaram a assentar-se sobre princípios pecuniários e não aristocráticos.

Após as reformas de Sólon, que dividia os atenienses em quatro classes, segundo sua fortuna, a grande disputa política do Período Clássico foi o choque da "democracia", das classes urbanas atenienses enriquecidas, com os princípios "oligárquicos", da aristocracia agrária espartana. Como veremos, a democracia ateniense assentava-se sobre a exploração dos trabalhadores escravizados e a minoração política e social dos homens livres não atenienses.

Na Grécia homérica vivia-se e trabalhava-se no campo. As principais aglomerações urbanas eram apenas rústicos burgos rurais. Quando dos tempos clássicos, essa realidade pertencia a um passado remoto. Desde o Período Arcaico, a cidade-Estado ocupara o coração do universo social helênico. Atenas era o melhor exemplo. Ligada por estrada carroçável ao seu refinado porto, o Pireu, com seus bairros dedicados ao artesanato e comerciais, com sua magnífica acrópole, era o principal centro urbano do mundo mediterrânico. Nas suas ruas passeavam estrangeiros atraídos pela magnificência dessa metrópole cosmopolita. Por todos os lados, cidadãos atenienses, metecos e escravos dedicavam-se a múltiplas atividades ou, desocupados, esperavam na *agorá* um eventual contrato ou negócio.

O refinamento da *polis* grega era grande. Porém não nos devemos enganar. O mundo rural dominou sempre a civilização helênica. A posse da terra era um privilégio dos cidadãos. Através dos séculos, ela constituiu a base da riqueza social e do poder político. Aqueles que enriqueciam como políticos, comerciantes, prestamistas ou artesãos, almejavam – se tinham direito – tornar-se proprietários fundiários. A própria organização da economia rural mantinha os traços gerais conhecidos nos tempos passados.

Grécia profunda

A cidade criara importante mercado consumidor. Na sua periferia, explorações rurais – praticando uma agricultura intensiva e "científica" – especializavam-se em supri-lo. O arado com relha de metal, um muito incipiente afolhamento trienal, uma adubação mais efetiva foram algumas conquistas dessa nova realidade. Na periferia de Atenas, a arboricultura – sobretudo a da vinha e a da oliveira – produzia para a venda. Inúmeras propriedades especializaram-se na apicultura, na horticultura, na floricultura etc.

Apesar do desenvolvimento das unidades agrícolas pequeno-mercantis, as propriedades rurais voltadas à subsistência permaneceram amplamente majoritárias. A baixa fertilidade dos solos, a insuficiência de estradas carroçáveis, a rudimentar atrelagem dos animais de tração, o irregular relevo da Grécia não permitiam que o cinturão agrícola urbano se projetasse além de uns vinte quilômetros dos subúrbios. Importantes regiões não conheceram centros urbanos dignos do nome. O *oikos* foi sempre a organização econômico-social dominante da Grécia profunda.

Da Idade Arcaica à Idade Clássica, a escravidão desenvolveu-se sobremaneira nas cidades-Estados mercantis, ainda que não em forma uniforme em todos os ramos da atividade social. Nas regiões rurais isoladas, a vida agrária pouco se modificara em relação aos séculos anteriores. A economia natural dominava e era escassa a população escrava. Nesse contexto, as relações escravistas assumiam um caráter claramente patriarcal. A situação era distinta nas regiões próximas aos núcleos urbanos ou onde era possível em um escoamento mercantil, por via aquática, dos gêneros agrícolas.

Um rito religioso, em honra ao deus Dionísio, mostra a fabricação do vinho num lagar. Um dos personagens traz mais uvas para serem esmagadas pelos pés do outro, que dança.

A economia política da escravidão colonial desvendou os mecanismos econômicos que determinaram de forma tendencial a rápida exaustão do cativo assenzalado no escravismo americano. A produção de mercadorias coloniais para o mercado internacional; a fácil e barata reposição do escravo destruído; a vantagem da utilização permanente de escravos jovens e sadios; a abundância e a fertilidade das terras; as contingências técnicas dessa produção levaram a que a plantagem e outras atividades produtivas coloniais prostituíssem de forma vertiginosa as condições médias de vida e de trabalho dos cativos americanos.

O escravo grego vivenciou condições de existência penosas em algumas explorações agrícolas pequeno-mercantis. A Arqueologia recuperou exemplares das correntes que alguns cativos portavam mesmo durante a labuta. Várias determinações econômicas da produção agrícola helênica impediram que o escravo conhecesse a duríssima vida do cativo colonial, ainda que a sua vida não fosse nada fácil. O porte da empresa agrícola pequeno-mercantil grega já dificultava a feitorização intensiva do trabalhador escravizado.

Na Idade Clássica, uma exploração de cinquenta hectares era um latifúndio. Na própria Ática, alguns senhores possuíam maiores extensões de terra, porém era comum que elas constituíssem várias unidades agrícolas, independentes e esparsas. O acanhamento das unidades rurais era determinado pelas exigências técnicas da exploração, pela pequena dimensão dos mercados consumidores, pela necessidade da economia senhorial de produzir, em regiões diversas, diversos produtos etc. As equipes de cativos eram ínfimas, se comparadas às unidades escravistas americanas. É crível que a estimativa de dois cativos, em média, por unidade agrícola ateniense aproxime-se da realidade.

Poderosos senhores

Na época de Péricles, quem possuísse de três a cinco cativos era um escravista remediado. Acima desse número, começava a ser considerado um homem rico. Dava prova de luxo o cidadão que se fazia seguir na rua por três escravos. No momento de sua morte, Aristóteles, personagem de destaque e homem de posses de seu tempo, possuía treze escravos – sete mulheres, seis homens.

Os principais produtos, as técnicas e os implementos produtivos dessa agricultura pequeno-mercantil colocavam também travas à exploração dos cativos. A área útil das pequenas propriedades reduzia-se ainda com a prática do afolhamento bienal. Portanto, inviabilizavam-se grandes equipes de trabalhadores cativos. As culturas de base dessa agricultura – a viticultura e a olivicultura – reclamam tratos cuidadosos e especializados. Nem mesmo a produção cerealífera – prática intermitente – necessitava de um trabalho ininterrupto, pesado e rústico, como o exigido, por exemplo, pela plantagem açucareira ou cafeeira americana.

Pequenas equipes de hábeis escravos, trabalhando sob as ordens do próprio proprietário ou de um preposto – muitas vezes um escravo –, foram a opção mais comum na agricultura pequeno-mercantil grega. No auge dos trabalhos agrícolas – apronto das terras, semeadura, colheita etc. – alugavam-se temporariamente trabalhadores livres e escravizados.

O escravismo grego alcançou seu apogeu nas cidades comerciais e, sobretudo, em Atenas. Fora as atividades políticas, privilégio dos cidadãos, poucos ofícios ou ocupações não empregavam trabalhadores escravizados. Entretanto, os cidadãos pobres e os estrangeiros estabelecidos em Atenas – os metecos – ocupavam-se igualmente nelas. As tarefas domésticas foram uma das poucas atividades rejeitadas pelos cidadãos. A força de trabalho não era ainda concebida como uma mercadoria. Trabalhar como assalariado para uma pessoa, permanentemente, era quase como passar a pertencer-lhe.

O escravo urbano ocupava-se nas tarefas e produção doméstica. Acima, duas mulheres trabalhando num tear passam a lançadeira.

O escravo urbano ocupava-se nas tarefas de manutenção e produção domésticas. Entre outras labutas, era porteiro, jardineiro e dedicava-se à residência. Moía os grãos, buscava os gêneros alimentares na propriedade senhorial, comprava-os no mercado, preparava-os. Cativos domésticos acompanhavam os senhores nas ruas, nos espetáculos, nas reuniões públicas, nas viagens etc. O cidadão miserável carregava, ele mesmo, a lanterna que iluminava seus passos nas ruas de Atenas. Nas casas pobres, os trabalhos domésticos eram realizados por um só cativo; nas mais ricas propriedades, por diversos. Henri Wallon, em *História da escravidao na Antiguidade*, estima que Atenas possuiria, em média, dois escravos adultos domésticos por residência.

Fiar, tecer e confeccionar vestimentas eram outras importantes atividades domésticas, sobretudo da mulher escravizada. O excedente dessa produção podia ser comercializado e render alguns ganhos à economia doméstica. Essas tarefas eram dirigidas pela senhora da casa, que os gregos exigiam que estivesse sempre ocupada, pois, para a mulher, a ociosidade seria má conselheira. Não raro, o escravo ocupava-se nos trabalhos urbanos e na parcela agrária senhorial no mesmo dia, se a distância o permitisse. Mesmo as famílias mais pobres esforçavam-se em ter, pelo menos, um escravo.

Direito concedido

O cativo constituía importante fonte de renda. Senhores compravam escravos para alugá-los a particulares e ao Estado. As grandes obras e as minas eram mercados seguros para essa forma de aplicação. Era também comum conceder uma ampla liberdade de iniciativa e movimentação a escravos sob a obrigação de entrega de uma renda, periódica e prefixada, ao senhor. Os *choris oikoutes* moravam muitas vezes independentemente. Os mais habilidosos e comedidos juntavam considerável pecúlio. Nessa situação labutavam escravos dedicados a diversas atividades artesanais ou a várias formas de prestação de serviços.

O pecúlio foi instituição que conheceu importante papel econômico na Antiguidade greco-romana. Ele consistia naquilo que o senhor considerava como pertencente ao escravo. O pecúlio permitia que o cativo se envolvesse em operações comerciais ou afins sem comprometer os bens do senhor. Não raro, escravos artífices, prestamistas ou comerciantes movimentavam elevadas somas e tinham participação nos negócios que administravam. Alguns deles alcançaram a manumissão e tornaram-se opulentos metecos.

O pecúlio podia servir para que um velho cativo – após uma vida de trabalho, privações e economias – entregasse ao senhor, pela sua liberdade, a soma suficiente para a compra de um jovem trabalhador. De forma geral, o pecúlio criava as melhores condições para que o escravo se esforçasse além mesmo do exigido pelo senhor. Legalmente, o pecúlio do cativo pertencia ao senhor, que podia lançar mão dele quando quisesse, de forma total ou parcial. Em determinadas ocasiões, era praxe que o escravo presenteasse voluntariamente o amo com parte de seu pecúlio.

Um escravo urbano podia ser explorado diretamente pelo senhor. A indústria artesanal ateniense assentava-se sobremaneira no trabalho escravizado. Nos estaleiros, nas padarias, nas carpintarias, nos curtumes, nas tinturarias, nas olarias, nas oficinas de armas e em outras atividades artesanais, escravos esforçavam-se como artífices ou como trabalhadores braçais. Ao seu lado, labutavam homens livres assalariados. O mesmo ocorria nos serviços e nas atividades comerciais urbanas – peixarias, armazéns de grãos, transportes etc. Não raro, o senhor administrava a empresa e intervinha diretamente nas atividades produtivas. Os mais humildes artífices e comerciantes lutavam para adquirir um cativo para auxiliá-los.

Em Atenas e outras regiões da Grécia, cativos eram empregados como "funcionários públicos". O Estado comprava escravos e empregava-os como varredores, agentes policiais, carrascos, escrivãos, remadores, operários, verificadores de pesos e medidas etc. Muitos escravos públicos habitavam ao seu bel-prazer e, segundo parece, recebiam o suficiente para se vestirem e alimentarem. Como vimos, particulares alugavam escravos ao Estado. Os trabalhadores escravizados também ocupavam um importante papel nos serviços. Médicos ensinavam sua arte a cativos e os enviavam a ocupar-se dos clientes mais pobres. Alugavam-se escravos cozinheiros, pajens, dançarinas, musicistas, prostitutas etc.

Um sapateiro toma medida para uma sandália de um freguês. A indústria artesanal ateniense assentava-se solidamente sobre o trabalho escravo.

Variavam bastante as condições gerais de existência do escravo urbano grego. Tecer, pilar e moer eram tarefas fatigantes e pesadas. Porém, dada a natureza das suas funções – trabalho variado e restrito às necessidades familiares –, os escravos domésticos podiam conhecer uma existência sofrível. Sobretudo se trabalhassem para senhor abonado. Dificilmente se diria o mesmo do doméstico de uma família pobre, esforçando-se na cidade e no campo. Variava a qualidade de vida dos escravos artesãos. Um *choris oikoutes* estabelecido com sucesso vivia bem melhor do que o único cativo de um artífice pobre.

Indústria manual

Alguns poucos escravos pedagogos, administradores, gramáticos etc. viveriam com quase luxo. Um escravo do Estado, empregado em importante função burocrática, teria existência quase aprazível. Um cativo empregado nas pesadas tarefas de transporte de mercadorias ou de moagem de grãos vegetaria execravelmente.

As condições de vida e trabalho do escravo urbano dependiam muito do contexto em que trabalhava e das funções que exercia. No geral, considerando-se os padrões da época, na Grécia Clássica a vida do trabalhador escravizado urbano parece ter sido dura e monótona, mas suportável.

Os cativos empregados na indústria artesanal urbana eram um importante segmento da população escrava. Acredita-se que as suas condições gerais de existência não tenham sido degradantes. As oficinas artesanais gregas eram unidades econômicas pequenas ou médias. A grande manufatura de escudos de Kefalos, verdadeira exceção, empregava 120 homens. O caráter misto era outra importante característica da produção artesanal grega. Tratava-se de uma pequena produção, quase sem maquinaria, em que a habilidade, a destreza e a colaboração dominavam. Nela, dificilmente se podiam estabelecer condições gerais de trabalho diferenciadas para homens livres e cativos. Portanto, cativos e homens livres trabalhavam, lado a lado, quase nas mesmas tarefas.

Na Grécia antiga, os escravos mineiros conheceram vis padrões de existência. Era habitual que os cativos mais rudes e mais baratos fossem empregados nessas duras atividades. Os cativos insubordinados eram enviados igualmente para a mineração. A importante produção argentífera ateniense sustentou-se sobre o trabalho escravizado associado a um menor número de homens livres. Em meados do quarto século, no Láurio, trinta mil cativos seriam ocupados na extração, triagem, fundição e transporte da prata. As reservas argentíferas, de propriedade estatal, eram arrendadas a concessionários privados, que as exploravam com equipes de mulheres e crianças. Particulares alugavam grande número de cativos diaristas para o trabalho nas minas. Os arrendatários deviam devolver a mesma quantidade de homens no fim do contrato.

No Láurio, o trabalho seria muito pesado, o repouso escasso, a comida pouca. Era comum os escravos trabalharem acorrentados nos poços e nas galerias e receberem castigos físicos. A população servil dormia em espécies de senzalas, estreitas, insalubres e ferreamente vigiadas. A fuga de cativos mineiros desesperados era fato corriqueiro. Quando da invasão da Ática pelos espartanos, na última década da Guerra do Peloponeso, milhares de escravos desertaram das minas para o campo inimigo. As condições servis de existência seriam muito duras nos moinhos, nas pedreiras, nas marmorarias, nas construções de estradas etc.

As refeições gregas eram simples. Acima, louças e utensílios que datam do século V a.C.

O grego dos tempos clássicos vivia comedidamente: vestia-se com simplicidade e comia frugalmente. Os hábitos alimentares e as vestimentas de um cativo não se diferenciavam muito dos de um cidadão pobre. Os cativos alimentavam-se com farinha, vinho barato, azeite de oliva, azeitonas de baixa qualidade, figos, alho, frutos grosseiros e outros alimentos rústicos. Vestiam-se com uma peça de tecido, uma pequena túnica de lã, um boné de pele de cachorro. Temos notícias de escravos rurais que usavam calçado – algo quase inimaginável, dois mil anos mais tarde, no Brasil escravista.

Entretanto, as aparências não nos devem enganar. Um verdadeiro abismo separava o ateniense mais pobre do escravo mais privilegiado. A bem dizer, o mundo dos cidadãos e o dos escravos eram universos sem comunicação. Um escravo podia obter a liberdade, jamais a cidadania. Quando ocorria a manumissão, em geral através da autocompra da liberdade, o cativo ascendia ao *status* de estrangeiro, isto é, de meteco. Consequentemente, não podia possuir bens imóveis – a propriedade da terra era um privilégio do ateniense – e participar da vida política da *polis*.

Direitos de cidade

Foram raros os casos em que a cidadania foi concedida a um meteco – excepcional merecimento, serviços na defesa do Estado etc. Por outro lado, o liberto não rompia todos os seus deveres para com seu ex-senhor, de quem se tornava cliente. Se casasse com pessoa detentora do "direito de cidade", seus descendentes não herdavam esse privilégio. Com o passar do tempo, o próprio casamento misto foi proibido. Como meteco, o liberto era obrigado ao pagamento das taxas pertinentes à categoria e a servir no exército, como hoplita ou infante ligeiro, ou como remador, na marinha. Um liberto julgado e condenado por crime de ingratidão contra o ex-senhor – *apostasia* – recaía na escravidão.

O escravo grego era tido e tratado como um bem móvel. Entretanto não se encontrava totalmente desprovido de direitos. Na família senhorial, recebia um nome e era associado ao culto doméstico. Podia possuir precariamente um pecúlio. Se manumitido, só voltava à situação anterior por decisão judicial. Mesmo como escravo, representado pelo senhor, podia pleitear seus direitos na Justiça. Ao menos segundo a lei, ao amo era proibido injuriar gravemente, aleijar ou matar seu cativo.

O senhor que assassinasse seu cativo era punido com o exílio. O escravo injustamente seviciado podia refugiar-se junto a alguns templos, altares e florestas sagradas e pedir aos sacerdotes que se pronunciassem pela sua venda a outro senhor. Em Atenas, o castigo físico normal do cativo não podia exceder cinquenta chicotadas. Entretanto, quando chamado para depor em um processo judiciário, mesmo como simples testemunha, o cativo era interrogado normalmente sob tortura.

Na Grécia escravista madura, a reprodução das escravarias não se fazia pela expansão natural. Os escravos formavam número superior às escravas, e o casamento servil era considerado um prêmio e não um investimento. Segundo parece, ele era permitido quando o senhor entregava a um escravo a gestão de uma empresa.

Era economicamente mais interessante comprar um adulto do que criar e sustentar uma criança até a idade produtiva. Em muitas regiões, toleravam-se a venda de crianças e a autovenda, por motivos econômicos. Antes das reformas de Sólon, um ateniense podia ser obrigado a pagar suas dívidas com a liberdade. Em alguns casos, os metecos eram reduzidos, pela Justiça, à escravidão.

A guerra, a pirataria e o comércio eram as principais fontes de trabalhadores escravizados. Nas colônias gregas, compravam-se cativos das comunidades autóctones e lançavam-se razias contra elas. Era grande o número de escravos produzidos quando de guerras entre os gregos. Nessas épocas, comércio marítimo e pirataria constituíam praticamente duas faces de uma só atividade.

Mesmo sendo a pirataria proscrita, o homem livre, capturado e vendido, era considerado legalmente escravo, até que pagasse seu resgate ao comprador. Cativos chegados à escravidão por caminhos diversos eram trazidos, sobretudo do Norte e do Oriente – Macedônia, Cítia, Síria, Frígia, Lídia, Trácia, Egito etc. –, e vendidos na Grécia.

Entre os mais famosos mercados de cativos da Grécia encontrava-se o da ilha de Quios, próxima às costas da Ásia Menor. Com o tempo, Atenas transformou-se em um dos principais mercados escravistas da região. Como em toda compra e venda, os mercadores realçavam as qualidades e disfarçavam os defeitos das mercadorias. À sua vez, os compradores apalpavam os cativos, exigiam que eles se despissem, caminhassem, saltassem. Vícios ocultos anulavam a compra.

6. O mundo romano: quadro geográfico

Roma nasceu em berço geográfico com importantes semelhanças e dessemelhanças ao que viu surgir o helenismo. Como a Grécia, a península Itálica possui relevo montanhoso que dificultava as comunicações terrestres e ilhava os grupos humanos. Os Apeninos – que cortam a Itália de norte a sul – isolam o litoral ocidental do oriental. Os prolongamentos dessas montanhas problematizam os cantatas entre os vales e as planícies de uma mesma costa.

Ao contrário da Grécia, as condições naturais das costas itálicas não incentivavam a navegação. A costa adriática é quase desprovida de baías e portos naturais. A costa lígure e a tirrena são apenas um pouco mais acolhedoras. Fora a Sicília – verdadeiro prolongamento da península – e as menos próximas Córsega e Sardenha, escasseiam ilhas que apoiassem aventuras marítimas precoces.

Em tal quadro geográfico, a ocupação humana arcaica orbitou em torno das quatro grandes planícies da península: o extenso vale do Pó, acessível pelo mar Adriático; o vale do Arno, aberto ao litoral lígure; a fértil planície da Campânia; e, por último, o vale do Tibre, ou seja, o Lácio. Em tempos remotos, nada sugeriria o brilhante futuro que estava reservado para essa última planície, coração do mundo romano. Ela possuía pouco mais de dois mil quilômetros quadrados de superfície, regiões pantanosas e terras pouco férteis.

O Lácio revelou-se logo região privilegiada, apesar da pobreza e do acanhamento de suas terras. Em um mundo montanhoso e de escassa tradição marítima, os principais caminhos terrestres naturais assumiam uma grande importância. O vale do Tibre, na Itália central, era passagem obrigatória de muitas trilhas utilizadas desde recuadas eras. Entre outros, pelo Lácio cruzava o caminho que ligava a rica Etrúria, ao norte, e a fértil Campânia, ao sul. Nas salinas da foz do Tibre originava-se a rota que levava o precioso produto às montanhas sabinas, ao leste. Roma surgiu no cruzamento desses dois caminhos.

Os primeiros romanos eram rústicos pastores e agricultores que falavam um latim arcaico. Estabeleceram-se no sul do vale inferior do Tibre, nas elevações e vales dos montes Tiberinos (Quirinal, Viminal, Capitólio, Esquilino, Palatino, Aventino, Célio). Esses terrenos de origem vulcânica, elevados, de clima úmido, pouco férteis, não eram desprovidos de atrativos. Sobretudo se comparados às terras dos Apeninos próximos, fortemente golpeadas no inverno.

Os Apeninos, que cortam a Itália de norte a sul, isolam o litoral ocidental do oriental.

No Lácio, a proximidade do mar mitigava a inclemência do clima. Pelo Tibre, alcançava-se o mar, com facilidade, em pequenas embarcações. Perto do monte Capitólio, encontrava-se a única ilha do Tibre nessas regiões – o que facilitava o cruzamento do rio. Algumas costas escarpadas das "sete colinas" facilitavam a defesa contra populações inamistosas. Logo, os primeiros romanos tiveram que defender, de arma nas mãos, suas terras, sobretudo dos povos dos Apeninos próximos, angustiados pelas baixas temperaturas e nevascas invernais que fechavam, como ainda fecham, os passos entre os vales habitados.

Uma estrada romana, da cidade de Veios.

Península Itálica

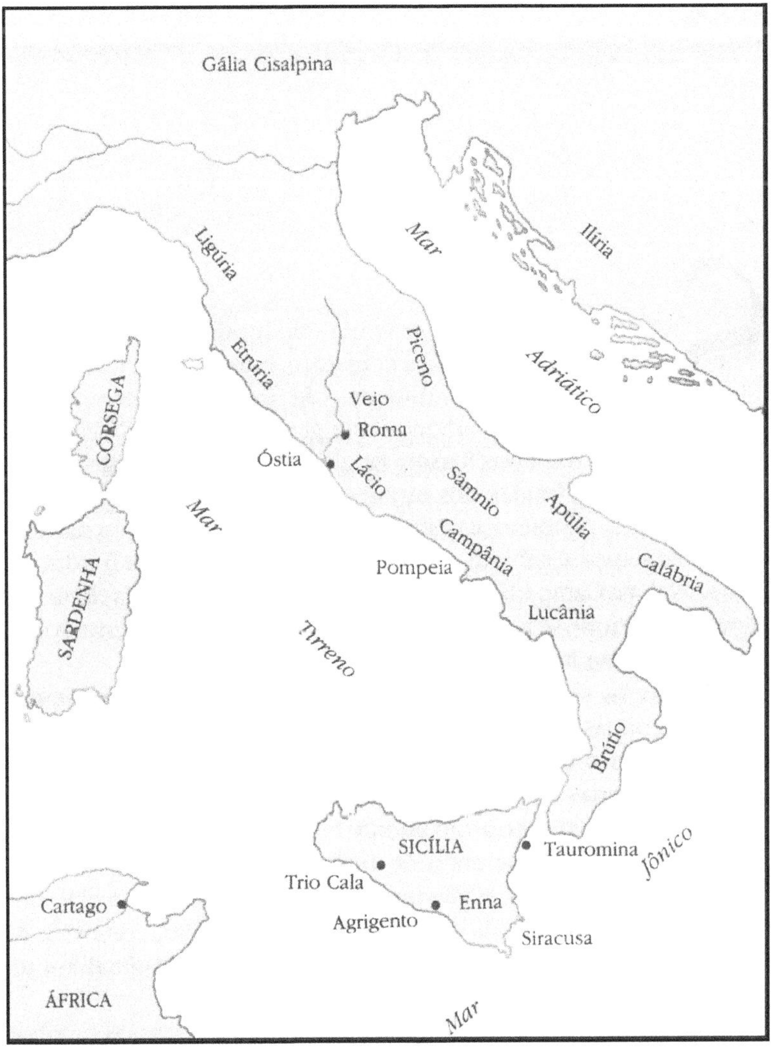

7. Roma arcaica

Segundo a tradição, Roma teria sido fundada nos anos 750. A Arqueologia confirma a ocupação, nessa época, dos montes Tiberinos por comunidades de pastores e camponeses latinos – talvez associados a grupos sabinos. É crível que esses primitivos romanos fossem originários de Alba Longa, núcleo populacional nas fraldas dos montes Albanos. Alguns especialistas acreditam que, no início, as estratégicas colinas teriam sido partilhadas por romanos e sabinos. Por esses tempos, os gregos fundavam, mais ao sul, na Campânia, suas primeiras colônias italianas (Pitecusa, Cumas, Partênope) e a civilização etrusca, autóctone, desenvolvia-se no Centro-Oeste italiano.

Durante os séculos oitavo e sétimo, a coligação dos habitantes das "sete colinas" deu origem a Roma, no princípio um pequeno e medíocre centro urbano no Lácio. Seus habitantes viviam em rudimentares cabanas de uns quinze metros quadrados, exploravam o pastoreio e praticavam o afolhamento bienal para cultivar a terra com o auxílio da enxada e de um rude arado adaptado às várzeas. Nessa sociedade camponesa com fortes traços gentílicos, as parcelas agricultáveis eram individuais e os campos de pastoreio, coletivos. Na época, Roma possuiria uns 10 mil habitantes, que dominariam um território de cerca de 150 quilômetros quadrados.

Essas populações viviam espremidas em suas escassas e pobres terras. O rio Tibre era a fronteira norte dos territórios romanos – na outra margem, dominava a poderosa Etrúria. Mais ao norte, do lado romano do rio, habitavam os faliscos. A oriente do Lácio, nos contrafortes dos montes Apeninos, os sabinos e os hérnicos. Sem muito brilho, os romanos participavam de um complexo civilizatório que abarcava a Etrúria, o Lácio e a Campânia. O crescimento e desenvolvimento de Roma foi lento. Só no primeiro quartel do século sexto é que se ultrapassaria a chamada "Idade das Cabanas".

A tradição romana refere-se a uma sucessão inicial de sete "reis": quatro latinos (Rômulo, Numa Pompílio, Túlio Hostílio e Anco Márcio) e três etruscos (Tarquínio, o Antigo, Sérvio Túlio e Tarquínio, o Soberbo). O período etrusco teria começado em 619 e terminado em 509, com o advento da República. Foi no século sexto, sob a hegemonia etrusca, que Roma despontou como verdadeira cidade-Estado, com construções em pedra, cidadela, muralhas etc.

Este templo, às margens do Tibre, ostenta a antiga forma circular das rudimentares cabanas dos primeiros tempos de Roma.

Muito se escreveu e fantasiou sobre origens extraitálicas da refinada civilização etrusca. Hoje, sabe-se que ela nasceu de uma antiga tradição neolítica autóctone. No século doze, sobretudo na atual Toscana, comunidades aldeãs de uns cem habitantes dedicavam-se a pastoreio e agricultura rudimentares. Nos anos mil – Primeira Idade do Ferro –, essas comunidades, denominadas pelos arqueólogos de vilanovianas, enriquecidas e contando já com milhares de membros, amuralharam suas aglomerações urbanas e expandiram seus territórios. Nos séculos nono e oitavo, a importância das reservas minerais da região, a sua singular posição geográfica e contatos mercantis com povos orientais mais avançados contribuíram para a metamorfose das comunidades vilanovianas nas magníficas cidades-Estados etruscas.

A civilização etrusca conheceu seu apogeu nos séculos sétimo e sexto, quando suas cidades federaram-se e estenderam sua suserania ao vale do Pó, ao Lácio e à Campânia, onde esbarraram no poderio grego em Cuma. Em 474, os etruscos foram derrotados pelos gregos, em importante batalha naval. O domínio etrusco sobre Roma foi parte desse amplo movimento envolvendo a Etrúria, o Lácio e a Campânia. Devido à estratégica localização, Roma favoreceu-se muito com a hegemonia etrusca sobre essas regiões. Quando do declínio da influência da monarquia vizinha sobre Roma (619-509) – igualmente parte da crise geral do *rex* de caráter divino nas cidades latinas, etruscas e osco-úmbrias –, a cidade constituía já o principal centro agrícola, mercantil e artesanal do Lácio. Teria, então, uns 50 mil habitantes e 820 mil quilômetros quadrados.

Patrícios e plebeus

Na Roma arcaica, a organização social de base era a *gens*, isto é, as comunidades dos descendentes (reais ou socialmente aceitos) de um ancestral comum (real ou mítico). Essa associação de famílias patriarcais possuía em comum um território, gozava de autonomia jurídica em seus problemas internos, tendia à autossuficiência econômica. O *pater familias* reinava soberano sobre a sua família nuclear. Entre os patriarcas, escolhia-se um chefe para a *gens* – o *pater gentis*. Os membros masculinos de um clã – os patrícios – detinham o monopólio do poder político efetivo, só partilhado por um rei-sacerdote. Esse chefe religioso, político e militar romano era secundado por senadores por ele escolhidos entre os patrícios.

A *gens* não era uma organização social desprovida de desigualdades e contradições internas. Os laços familiares escamoteavam verdadeira exploração econômica. O pai tinha direito de vida e de morte sobre os familiares e todos aqueles que vivessem sob seu teto, isto é , sobre sua *familia*. Os "jovens" e as mulheres encontravam-se sob o jugo dos "mais velhos". A autoridade familiar do *pater familias* podia estender-se a membros não consanguíneos, que eram atrelados ao seu poder como clientes. A ideologia familiar subjacente a essa economia camponesa apresentava o *cliens* como um membro que se ligava à família patrícia, estabelecendo, com o patrono, obrigações religiosas e morais – *fides*.

Ao menos em teoria, o senhor passava a proteger, física, econômica e juridicamente, o cliente. Se este desrespeitasse os compromissos assumidos com o patrono, podia ser seriamente punido. O cliente, subordinado ao patrono, devia segui-lo na política, na guerra e assumia obrigações econômicas – *obsequium* (submissão) e *opera* (trabalho). Amiúde, era obrigado a jornadas de duro esforço na parcela agrícola do patrono. Acredita-se que o segmento social dos clientes formou-se com estrangeiros estabelecidos na região, com membros de famílias extintas, com ex-cativos e outros grupos sociais desprotegidos.

Os plebeus constituíam um extrato social de singular importância na história romana. Como não participavam das *gens*, apesar de serem homens livres, encontravam-se afastados do poder político, verdadeiro monopólio do patriciado. São desencontradas as opiniões dos especialistas sobre a origem dos plebeus. Uns consideram-nos descendentes dos nativos submetidos quando da fundação de Roma. Outros os veem como ex-clientes emancipados. Acredita-se também que a plebe seria originária da aglutinação de estrangeiros, estabelecidos no campo e na cidade como trabalhadores livres.

Com o desenvolvimento das relações mercantis em Roma, segmentos da plebe enriqueceram-se. Os próprios "reis" romanos apoiaram-se nela contra o poder dos clãs. Por outro lado, a expansão militar exigia que essa arraia-miúda fosse incorporada ao exército. Tudo isso abriu condições para que a plebe, comandada pelos seus segmentos enriquecidos, reivindicasse direitos políticos e econômicos. A luta entre plebeus e patrícios assumiu singular importância nos primeiros tempos de Roma.

8. Escravidão e República

O escravismo parece não ter desempenhado papel significativo em Roma até o começo do século quarto. Durante a Monarquia e inícios da República, inexistiam condições para o desenvolvimento da instituição. O comércio de cativos era intenso no Mediterrâneo, porém Roma era ainda um centro comercial pobre. Dificilmente teria meios para comprar os caros cativos.

O domínio da terra pela *gens* garantia à maior parte dos romanos o acesso à terra e impedia a sua monopolização. Nos séculos sexto e quinto, os patrícios trabalhavam seus pequenos lotes com seus familiares. No máximo, recebiam a ajuda de clientes ou de trabalhadores assalariados. A apropriação privada das pequenas parcelas de terra não modificou, substancialmente, essa realidade.

A civilização etrusca, que tanto contribuiu para o desenvolvimento sociocultural romano, até onde podemos ver, praticou formas servis não escravistas de exploração do trabalho. Os senhores etruscos eram assistidos em suas residências por seguidores domésticos – *therapontes* –, e nos campos labutavam segmentos sociais pobres – *penestai* –, com direitos sobre a terra.

O expansionismo republicano determinou essenciais transformações na sociedade romana. Durante o século quinto e parte do quarto, o fim da hegemonia etrusca propiciou acirrado confronto entre os pequenos povos da Itália. Aliados, os latinos defenderam o vale do Tibre contra os povos da montanha e os etruscos. No início, Roma não desempenhou papel preponderante na Aliança Latina. A seguir, aproveitou-se dela para impor-se no vale. No começo do século quarto, derrotou Veio, forte rival; em 338, todos os latinos encontravam-se submetidos. Em 295, os romanos venceram a resistência da última cidade-Estado etrusca.

As conquistas territoriais de Roma favoreciam os patrícios. A queda da monarquia dera lugar a um governo "democrático" exercido pelos magistrados, que eram escolhidos no patriciado. A principal instituição romana era o Senado. Os senadores eram selecionados entre os mais "dignos" patrícios, isto é, entre ex-magistrados. A plebe mobilizou-se, desde os primeiros anos da República, para pôr fim à sua indigência política.

Segundo a tradição, em 493, a plebe teria obtido a designação de tribunos, ou defensores da plebe. Um século mais tarde, esse processo de lentas conquistas políticas completou-se com o franqueamento do consulado – a mais alta magistratura – aos plebeus (367). Porém, como o exercício dos cargos públicos não era remunerado e eleger-se exigia operações políticas custosas, em verdade evoluiu-se para um governo monopolizado por patrícios e plebeus ricos.

Era essencial o controle do Senado como fonte de enriquecimento. Por direito consuetudinário, as terras conquistadas aos inimigos pertenciam a todos os cidadãos. Era portanto o Estado que as possuía e as geria. O Senado, representante máximo da cidadania romana, deliberava sobre a utilização das conquistas – *ager publicus*. Os senadores davam diversos fins aos bens comunais. Muitas modalidades de aproveitamento das terras – *adsignatio, occupatio* etc. – permitiam que os patrícios se apoderassem das terras conquistadas pelos soldados romanos. Em sentido contrário, os plebeus mobilizavam-se pela distribuição parcelar das terras.

Tempos de conquista

Com a conquista de Veio, cerca de 600 quilômetros quadrados foram incorporados aos territórios romanos. Parte dessa terra foi deixada aos vencidos, parte foi repartida entre os plebeus, parte terminou em mãos patrícias. Esse processo expansionista e a consequente distribuição de terras ajudaram a mitigar a aguda crise social corrente em Roma. Os setores mais pobres ascendiam à posse da terra; os patrícios abiscoitavam boas parcelas agricultáveis. A apropriação privada de terrenos agrícolas, não destinados à exploração direta por seus detentores, tornava candente o problema da mão de obra. Não foi ainda por essas épocas que o escravismo se desenvolveu com dinamismo em Roma.

Esses foram duros tempos para a plebe. As guerras afastavam os camponeses de suas pequenas parcelas e a inexistência de direitos de primogenitura migalhava a terra quando das sucessões. Camponeses pobres endividavam-se com os patrícios e caíam em verdadeira servidão. Um inadimplemento superior a trinta dias permitia a deflagração de ação executora direta – *manus iniectio*. O devedor que não obtivesse um fiador – *vindex* – era mantido acorrentado, na casa do credor, por sessenta dias. Durante esses dois meses, devia ser exposto em três mercados consecutivos, acredita-se que para uma eventual compra ou manumissão. Caso não ocorresse nenhuma das duas, o credor podia matar ou vender, *trans Tiberim* (além-Tibre), o devedor.

O *nexum* comprometia também a liberdade dos plebeus. Um devedor insolvente ou um seu familiar podiam ser obrigados a submeter-se a essa instituição. O devedor – *o nexus* –, subordinado à vontade do credor, trabalhava para ele até a extinção da dívida, que era acrescida dos gastos com sua manutenção. Uma servidão que podia durar toda uma vida. Subsistiam na sociedade romana do século quinto e da primeira parte da centúria seguinte instituições que permitiam a submissão servil de segmentos empobrecidos da plebe. Entretanto essas formas de servidão comprometiam a harmonia interna mínima necessária a uma sociedade em expansão militar e cercada de inimigos. Nessa época era comum designar os escravos pelo nome do senhor, tão poucos eles seriam – o escravo de Quintus, *Quintipor*; o escravo de Marcus, *Marcipor* etc.

Acima, uma batalha de gladiadores, com uma banda de música que lhe serve de acompanhamento.

Comércio e escravidão

São vários os indícios de um importante desenvolvimento das relações mercantis romanas na segunda metade do século quarto. Óstia transformou-se em um ativo porto; os laços comerciais com a Campânia estreitaram-se; colônias foram fundadas na costa. O segundo tratado marítimo de Roma com Cartago (348) demonstra que Roma despontava como potência marítima e que o comércio mediterrânico de escravos interessava-lhe crescentemente. Foi também nos primeiros anos do século quarto que os romanos cunharam suas primeiras moedas – sinal indiscutível de desenvolvimento das trocas mercantis.

O escravismo era uma instituição dominante, havia muito tempo, em importantes regiões do mundo grego. A intervenção de Roma nas trocas mediterrânicas permitia-lhe obter cativos estrangeiros – uma das principais mercadorias do comércio internacional. A opção pela alternativa escravista apresentou-se para as classes senhoriais romanas como a melhor solução às pressões crescentes dos segmentos plebeus. Em 367, a plebe conquistara o direito ao consulado. Em 326, com a *lex Papiria Poetelia de nexis,* aboliu-se a prisão e a submissão servil por dívidas. Ou seja, sob a pressão da plebe, o Senado romano determinou que um cidadão empenharia apenas seus bens, e jamais seu corpo, quando se endividasse.

O expansionismo militar romano facilitava o fim da redução servil de segmentos plebeus pobres e o desenvolvimento do escra-

Os gladiadores eram, em sua maior parte, prisioneiros de guerra escravizados que passavam por um treinamento em escolas especiais.

vismo em Roma. Em 396, quando da conquista de Veio, muitos derrotados foram submetidos ao cativeiro. O mesmo foi feito na Etrúria (356), na Campânia (338), na campanha contra os samnitas (326-304), e assim por diante. Calcula-se que, no século quarto, os exércitos romanos tenham reduzido à escravidão cerca de 40 mil indivíduos. Nos séculos seguintes, o número de cativos capturados pelas legiões romanas não cessou de crescer. Só mais tarde, no Império, e por outras razões, é que esse fluxo escravista esmoreceu. Com o tempo, por *familia urbana* ou *rustica* de um romano compreendia-se, sobretudo, seus escravos, urbanos e rurais. Em Roma, *servus, -i*, era a principal forma utilizada para designar o cativo.

9. Apogeu do escravismo em Roma

Na República e no Império, foram múltiplos os canais que abasteceram com cativos a produção escravista romana. O desenvolvimento e a crise da instituição fizeram com que alguns deles assumissem maior ou menor importância e que surgissem novas formas de redução de homens livres à escravidão. Ao menos na República e em boa parte do Império, as populações submetidas militarmente pelo expansionismo romano foram a principal fonte de abastecimento de cativos. À medida que as fronteiras romanas se expandiam, as populações da Itália, da Europa central, da África do norte, do mundo helênico, da Ásia, entre outras regiões, eram vendidas, aos milhares, para trabalhar nos campos e nas cidades do Império.

O comércio internacional teria sido uma outra essencial fonte de escravos. Havia muito, o Mediterrâneo era palco de um importante comércio de homens. Entre outros, comerciantes e piratas alimentavam incessantemente os grandes mercados de cativos – Quios, Delos etc. Com a expansão das fronteiras de Roma, os romanos viram-se em contato direto com os chamados povos bárbaros, que dispunham de contingentes populacionais negociáveis – prisioneiros das guerras locais, devedores insolventes, mulheres e homens capturados em razias, crianças e jovens vendidos pelos parentes etc. A lei impedia a escravidão por dívida apenas dos romanos. Multidões de habitantes das províncias, endividados, caíam na escravidão. Em Roma, os comerciantes pagavam taxas de importação, de exportação – *portorium* – e de venda – *vectigal* – de cativos.

Os escravos vendidos nos mercados romanos eram expostos, comumente nus, sobre estrados ou em gaiolas. Tinham os pés pintados de branco – signo de escravidão. Pergaminhos pendurados aos pescoços indicavam origem, preços e habilidades. Os cativos podiam ser negociados em grupo ou individualmente. Os vendedores eram obrigados a declarar – em alta e viva voz, no momento da venda – os vícios e as enfermidades das mercadorias. Entre tais "defeitos de fabricação", encontravam-se a tendência à "vagabundagem", à "fuga", ao "suicídio"; a surdez; a miopia; a epilepsia etc. A falta de informação ou a falsidade dela podiam levar à anulação do ato de compra ou à indenização do comprador, num prazo máximo de seis meses a um ano, respectivamente.

O crescimento natural foi outra fonte de reprodução das escravarias. O matrimônio servil não era reconhecido de direito. Entretanto senhores permitiam que seus cativos vivessem maritalmente – *contubernium*. Alguns especialistas acreditam que a reprodução natural, sobretudo no Império, tenha desempenhado um essencial papel na reposição da população servil. O agrônomo Columella recomendava (*c.* 70 d.C.) que se dessem horas de repouso, e até mesmo liberdade, à mulher escravizada, segundo o número de filhos paridos e criados. No ocaso do Império, foram determinadas leis em favor da proteção da população escrava e da sua expansão vegetativa, entre elas a proibição da separação da família escrava. Entretanto, como veremos, os senhores davam esposas para apenas uma pequena parcela de seus cativos.

A população livre era uma sementeira menor de escravos. O pai tinha o direito de abandonar o recém-nascido. Aquele que o criasse, podia tê-lo como escravo. Indivíduos livres eram escravizados ilegalmente, por erro ou má-fé. No Império, poderosos senhores, carentes de escravos, aprisionavam "vagabundos" e desertores nas senzalas da época. Havia também uma forma de servidão que reduzia um homem livre ao *status* de um quase-escravo. O *addictus* era o devedor obrigado a trabalhar para o credor até o pagamento de sua dívida. Porém ele podia resgatar-se a qualquer momento, independentemente da vontade do credor. Quando livre, assumia sua cidadania plena – *ingenu*. A situação de um *addictus* não era transmissível aos descendentes. Esses elementos impedem-nos de considerar tal relação como uma forma de escravidão, mesmo transitória.

Desde o tempo de Sérvio Túlio, sexto rei romano, o cidadão que se subtraía ao recenseamento era reduzido à escravidão. O mesmo ocorria com aqueles que se negavam às obrigações militares, com os condenados à morte e com os que se vendiam como escravos para, depois, reclamar a anulação da venda, por serem cidadãos. No Império, em meados do século segundo d.C., começou-se a reconhecer como legal a autovenda do cidadão romano maior de idade como *servus*, o que anteriormente era inaceitável. Um cidadão que alienasse sua liberdade, caso manumitido, assumia o *status* de liberto. Essa nova instituição era parte e consequência da crise do escravismo romano, que levou, nos séculos seguintes, à produção feudal, como veremos no último capítulo.

Mundo rural

Os especialistas divergem na análise da evolução da economia agropastoril romana. Mesmo para a Itália, mais rica em fontes históricas e arqueológicas, as interpretações são díspares e, até mesmo, contraditórias. A relevância desse debate deve-se ao fato de ter sido a produção agropastoril a base da atividade produtiva do mundo antigo. E foi, efetivamente, a crise da economia agrícola escravista romana que levou à dissolução do próprio Império Romano.

A dificuldade de definir, com precisão, o perfil e a evolução da produção rural romana deve-se em grande parte à coexistência de diversos tipos de empresas agrícolas, divergentes quanto a tamanho, técnicas agrícolas, mão de obra utilizada e objetivos econômicos. O fato de um ou outro tipo de exploração ter assumido, através dos anos e das diferentes regiões da Itália, um papel dominante, torna ainda mais complexa essa resposta. Entretanto é possível definir as características e o perfil geral do mundo rural romano.

Esta ilustração consta de um manual de criação e métodos agrícolas da Roma antiga.

O limitado desenvolvimento do transporte terrestre de mercadorias da época inibia as possibilidades mercantis das explorações agrícolas afastadas dos centros urbanos ou que, mais distantes, não podiam escoar, com facilidade, por via aquática, seus produtos. No mundo romano maduro, ao lado de empresas agrícolas voltadas para a mercantilização, existiram, sempre, pequenas e médias unidades rústicas de subsistência. A concentração fundiária e o emprego crescente de cativos foram tendências próprias ao mundo agrário nos dois últimos séculos da República e nos três primeiros do Império. Entretanto o latifúndio escravista não resultou dessa tendência como empresa agrária dominante na Itália.

Eram de quatro tipos as principais unidades agrícolas romanas. Como primeiro tipo, tínhamos a pequena e a média exploração de subsistência, dedicadas sobretudo à produção cerealífera. Elas eram trabalhadas pelo proprietário e familiares, com a eventual ajuda de um ou dois escravos ou de trabalhadores temporários. Essa unidade agrícola de subsistência – que sobreviveu à própria crise do Império – mercantilizava uma parte de sua produção, mas tinha como principal objetivo suprir as necessidades da família restrita do proprietário. Ela dominou o agro romano até o século terceiro antes de nossa era. Em relação aos primeiros séculos da República, a unidade agrícola de subsistência decaiu de importância. Públio Virgílio Marrão (70-19), natural de Mântua, refere-se à exploração agrícola de subsistência em *Geórgicas*, obra escrita nos anos 30 a.C.

Nos arredores dos núcleos urbanos e próximo a vias aquáticas de comunicação, a unidade familiar deu lugar a explorações agrícolas intensivas, baseadas no trabalho escravizado e produzindo para o mercado. Lúcio G. Moderato Columella, cidadão romano originário de Cádiz, na Espanha, era proprietário de pequenas unidades agrícolas na periferia de Roma e de outros centros urbanos. Nos anos 1970 d.C., ele escreveu um tratado de agricultura – *De re rustica*.

Outros autores gregos, fenícios e romanos redigiram tratados agrícolas. O livro de Columella é considerado o marco do nascimento da agronomia como disciplina científica. Nele, o autor descreve, com detalhes, os traços fundamentais dessa segunda forma de exploração agrícola. A *villa* materializava a maturidade e o desenvolvimento da agricultura escravista pequeno-mercantil romana. Ela constituiu a unidade agrícola dominante nos duzentos anos antes e depois de nossa era.

Fazendas pequenas

Alguns historiadores afirmam que a fazenda-padrão descrita por Columella teria em torno de 1 000 hectares. No que há grande exagero. Escavações arqueológicas nos mostraram que as propriedades das cercanias de Pompeia (79 d.C.) possuíam de 10 a 60 hectares. M. Pôncio Catão, o Velho (234-149), um dos primeiros romanos a escrever sobre a agricultura – *De agri cultura* –, trata em seu estudo de uma *villa* de 60 hectares, dedicada à oleicultura, e de uma outra, de 40, voltada à viticultura. Em média, as *villae* teriam de 50 a 300 hectares.

Na fazenda de Columella, a viticultura era uma atividade central, vindo, a seguir, a oleicultura. Porém, além das vinhas e dos olivais, a parcela devia contar com salgueiral (para cestaria), bambuzal, um cuidado pomar, recursos em lenha e, até mesmo, pedreira para as construções. Apesar do abundante trigo das províncias e de seu baixo preço, Columella recomendava a plantação de grãos. Campos de pastos deviam ser reservados aos animais e uma horta devia produzir legumes variados. Portanto, tratava-se de uma economia, ao mesmo tempo, mercantil e natural, produzindo para o mercado urbano e suprindo as necessidades dos membros da *familia rustica*.

Nos latifúndios escravistas romanos, grandes extensões de terras foram dedicadas à criação, onde um capataz (geralmente escravo) comandava os escravos pastores.

A fazenda-tipo de Columella trabalhava essencialmente com mão de obra escrava. O agrônomo discorre detalhadamente sobre o trabalho escravizado. Se não vigiados, os cativos trabalhavam mal. Portanto, deviam labutar em grupo (*in turba*), controlados por um feitor (*procurator*). O *villicus* – que podia ser um escravo – era o administrador geral da exploração. Era desejável que fosse casado.

A *villica* fixava o marido à *villa* e se encarregava da administração da mão de obra feminina. Era comum que uma escrava se ocupasse das necessidades sexuais dos outros cativos. O senhor devia visitar amiúde a propriedade. O seu absentismo era uma das grandes razões do fracasso de uma exploração. Os trabalhadores servis de uma *villa* dificilmente ultrapassavam as duas dezenas.

Columella aconselhava que o senhor tratasse "bem" e com "justiça" o cativo. Ao amo era recomendável dirigir-lhe a palavra, interessar-se pelo trabalho executado. No refeitório, o *villicus* devia convidar à sua mesa os cativos mais aplicados na labuta. Era preferível que um escravo exausto se fingisse doente e repousasse um par de dias na enfermaria, a que trabalhasse até adoecer realmente. Columella era da opinião que, à noite, os cativos deviam estar esgotados. Assim, repousariam e não teriam força ou vontade de organizar "estrepolias".

Alguns escravos empregados nas tarefas mais duras trabalhavam acorrentados. Eles e os cativos castigados dormiam, presos por correntes, na prisão-dormitório. O *ergastulum* era uma sombria "senzala" subterrânea, arejada e iluminada apenas por estreitas aberturas nas nuas paredes, suficientemente elevadas para que não pudessem ser alcançadas pela mão de um homem. Columella recomendava que não faltasse o mínimo necessário a esses miseráveis.

Em relação aos séculos anteriores, a *villa* escravista sintetizava importantes desenvolvimentos das técnicas, dos conhecimentos agronômicos, dos instrumentos e da organização do trabalho. No seu contexto, a viticultura, a oleicultura, a floricultura, a apicultura, a pequena criação etc. tornaram-se atividades mercantis, intensivas e especializadas. A partir do século segundo antes de nossa era, diversos espécimes vegetais extraitálicos foram aclimados na península, onde passaram a ser habitualmente consumidos.

Métodos científicos

As técnicas agrícolas, os instrumentos de trabalho, os animais de tração eram empregados na *villa* escravista com uma estrita racionalidade econômica. Buscava-se o máximo de rendimento com o mínimo de gastos. Conforme a terra e a cultura, utilizavam-se arados pesados ou leves para sulcar, de duas a nove vezes, o solo.

Além de um número variadíssimo de enxadas, uma *villa* contava com um especializado conjunto de ferramentas simples. O esterroador (*irpex*; *crates*) e o cilindro – tracionados por animais – foram instrumentos agrícolas difundidos.

O trabalhador escravizado, considerado como *instrumentum vocale*, comprado no mercado e privado de uma família, trabalhava com relativa dedicação, produtividade e rentabilidade nesse tipo de propriedade. Ele era estritamente vigiado, no trabalho, pela ameaça de castigo físico e incentivado com emulações materiais e morais. Para essa época, a *villa* escravista foi a empresa agrária mais rentável, produtiva e segura.

Tínhamos, também, a grande exploração pastoril e, por fim, o latifúndio escravista agrícola. Sobretudo na Itália meridional e na Sicília, grandes extensões de terra, devido à sua natureza ou distância dos mercados consumidores, não se adaptavam à agricultura mercantil. Desde a República, elas foram dedicadas à criação. O gado – como os escravos – era mercadoria que se deslocava por si só, facilmente e através de longas distâncias, desde que vigiado, é lógico. Os cidadãos romanos mais ricos arrendavam importantes parcelas do *ager publicus* onde, com poucos investimentos fixos, organizavam "fazendas" criatórias escravistas.

Nessas unidades, um capataz, muitas vezes um escravo, o *magister pecoris*, comandava os escravos pastores, que, armados contra as feras e os assaltantes, cuidavam dos rebanhos. Eles se alimentavam com a carne e o leite e vestiam as peles dos animais. Portanto, também esse tipo de exploração possuía uma esfera de produção natural. Não raro, os escravos pastores recorriam à rapinagem e ao assalto para suprirem suas necessidades. No Sul, durante o verão, o gado permanecia nas montanhas. No inverno, era levado às planícies. Cada escravo pastor cuidava de 80 a 100 ovelhas. Pequenos grupos de cativos ocupavam-se de 700 a 800 animais. Criavam-se, igualmente, cavalos, mulos, bovinos e burros. Além do pastoreio extensivo, os romanos conheciam a criação semi-intensiva ou intensiva. Eram comuns estábulos, cavalariças e pocilgas pavimentados.

Os teóricos da agricultura romana se referiam aos latifúndios escravistas agrícolas que trabalhavam com centenas de escravos acorrentados apenas para ressaltar suas desvantagens. Era necessário grande número de feitores para organizar o trabalho dos cativos e mantê-los submissos. Os principais agrônomos estavam também de acordo sobre a baixa produtividade e rentabilidade dessas explorações, fenômeno que se devia, em boa parte, às inconveniências da produção de grãos com o uso de mão de obra escrava. Os cereais não exigem um trabalho contínuo. Portanto, era necessário alimentar os cativos durante o interregno agrícola. Como veremos, na Sicília, onde teriam dominado as grandes fazendas tritícolas escravistas, esse tipo de exploração teria sido abandonado após as grandes insurreições escravas.

Alguns autores apresentaram o grande latifúndio escravista como a propriedade agrária dominante desde o terceiro século antes de nossa era. Estudos mais rigorosos modificaram essa apreciação e precisaram muitos aspectos descurados do debate – entre eles, a origem do termo "latifúndio", na literatura latina. Quando uma legião romana (4 500 a 5 000 homens) era desmobilizada e fundava-se uma colônia, os legionários recebiam pequenas parcelas de terra (*fundus, -i*). No Império, a gleba do legionário, segundo a qualidade do terreno e outros fatores, em geral, variava em torno de 20 hectares.

Latifúndios no papel

Nas distribuições de terras, os centuriões e sobretudo os oficiais podiam receber dois ou mais *fundi*. Nas plantas da colônia, essas parcelas eram assinaladas como *lati fundi* – ou seja, grandes parcelas. Mesmo se algumas tivessem apenas uns 30 hectares. Os primeiros grandes proprietários romanos não eram, como já se acreditou, senhores de imensas fazendas. Ao contrário, possuíam várias unidades agrícolas mercantis – pequenas ou médias –, em geral disseminadas no Lácio, na Campânia e, a seguir, na Etrúria.

Catão, o Velho, um dos homens mais ricos de sua época, possuía, em 180, de cinco a seis pequenas explorações. Juntas, não somariam mais do que uns 150 hectares de superfície. Ele era tido como um verdadeiro latifundiário. Em geral, os proprietários adquiriam suas terras através de sucessivas compras e com meios econômicos provenientes do comércio, da usura, da política ou de uma carreira militar ou administrativa nas províncias.

Já no fim da República, a dimensão média da *villa* escravista parece crescer e os senhores passam a concentrar suas propriedades numa mesma região. Isso devido, entre outros motivos, aos gastos com diversas residências rurais e ao tempo perdido com visitas a explorações dispersas. Entretanto, as unidades mantinham a autonomia produtiva. A partir do século segundo de nossa era, essa concentração geográfica tendeu a facilitar a formação de latifúndios extensos e homogêneos. Estes continuavam a ser pequenas e médias propriedades, se comparados aos latifúndios coloniais americanos.

Esse novo tipo de unidade produtiva deslocou a *villa* como centro da atividade econômica. Entretanto, ele anunciava a crise e não a maturidade do escravismo romano. Na Antiguidade, o grande latifúndio escravista ligado ao mercado mostrou-se historicamente inviável. Caio Cecílio Plínio Segundo, o Jovem (*c.* 61 d.C.-*c.* 114 d.C.), empregava, em suas propriedades, escravos, assalariados livres e colonos. Ele teria sido um dos primeiros latifundiários a transformar a renda monetária, paga pelos colonos, em renda em espécie. O que protegia os pequenos arrendatários das flutuações de uma agricultura mercantil em um mundo de economia seminatural e de escassos meios de transporte. No capítulo 15 analisaremos mais detidamente os problemas postos pela grande propriedade escravista romana.

Não é fácil definir as condições gerais de existência do escravo rural. Elas deviam variar segundo a empresa agrícola e a função que o cativo desempenhasse. Possivelmente, um escravo *villicus* se alimentava bem, possuía família e morava independentemente. Os mais felizes podiam receber para explorar algumas cabeças de gado e um pouco de terra etc. Alguns chegaram a possuir cativos.

Os escravos especializados no tratamento das vinhas, apesar de menos privilegiados, eram caros e imprescindíveis à produção. Um cativo esperto na viticultura chegava a valer o mesmo que 1,5 hectare de vinhas. Dedicados a tarefas variadas que exigiam relativa habilidade, viviam vida de monótona pobreza. Dormiam em pequenos quartos na parte *rustica* da quinta ou em minúsculas cabanas. Faziam parcas refeições num comedor comum e trabalhavam em torno de 12 horas diárias.

As rações e vestimentas entregues aos cativos variariam relativamente segundo a vontade do amo. Catão, o Velho, em *De agri cultura*, pretendia que os senhores deviam prescrever aos escravos rações somíticas de salmoura com vinagre, sal, azeite, pão e olivas de inferior qualidade. Recomendava que se entregasse a todo cativo, a cada dois anos, uma túnica, uma manta e tamancos ferrados. Fossem eles administradores ou trabalhadores não especializados. Como vimos, em geral, os escravos comuns de uma *villa* não possuíam família.

Escravos livres

Vida sofrível conheceriam os escravos pastores dos grandes latifúndios. Teriam pouco a fazer, além das grandes caminhadas e da vigilância. O pastoreio extensivo apoiava-se mais na reprodução natural dos rebanhos do que no trabalho humano. A relativa liberdade em que viviam pressupunha alguns privilégios. Não lhes seria difícil fugir, se o quisessem. Em 37, Marco T. Varrão (116-27) – *Res rusticae* – aconselhou que os senhores lhes fornecessem esposas. Pois elas eram "um laço que os [retinha] na sua obrigação". Ao contrário, as correntes que os escravos dos latifúndios agrícolas portavam, para trabalhar e dormir, e o uso constante do bastão pelos feitores, sugerem-nos as condições de existência que conheciam. Em menor número, esses cativos acorrentados trabalhavam nas explorações agrícolas não latifundiárias.

Apesar do caráter profundamente agrário do mundo antigo, Roma e outras aglomerações urbanas desempenharam um importante papel social, econômico e político na Antiguidade romana. No mundo citadino, os escravos e os libertos possuíam uma importância ímpar. No Império, podíamos encontrar, trabalhando nas mais variadas atividades urbanas, um cativo ou um manumitido provenientes das mais distintas províncias romanas ou do chamado mundo bárbaro. Os cativos romanos pertenciam ao Estado – *servi publici* – ou a privados – *servi privati*. Estes últimos foram sempre muitíssimo mais numerosos. Os municípios possuíam igualmente cativos empregados nos serviços urbanos.

A grande maioria dos escravos públicos vivia e trabalhava em meio urbano. Eles se ocupavam da distribuição dos alimentos, da limpeza das ruas, da guarda das prisões, dos serviços religiosos, dos banhos públicos, das latrinas e de inúmeras outras atividades. Os cativos do Estado eram igualmente responsáveis, entre outras tarefas, pela manutenção dos aquedutos e das estradas. Os *servi publici* recebiam um pagamento anual – *annua* – para fazerem frente às suas necessidades.

Em meio urbano e rural, as atividades domésticas eram um quase monopólio servil. Um cidadão que se ligasse, de forma permanente, como doméstico, a uma *familia* era assimilado aos não livres. Potentados do Império chegaram a possuir quatrocentos e mais servidores urbanos (escravos, libertos, dependentes etc.).

Nas residências menos opulentas, as funções domésticas eram desempenhadas por alguns poucos cativos. Muito pobre seria um legionário se não se fizesse servir por um pajem. Entretanto milhares de cidadãos romanos não possuíam nem mesmo um rapazote ou uma velha serva para os trabalhos tidos como os mais vis.

O pessoal doméstico de uma rica *familia urbana* conhecia uma rígida hierarquia. No topo da pirâmide, encontrava-se o *dispensator*, administrador superintendente responsável pelas operações financeiras e comerciais. A seguir, vinha um verdadeiro exército de músicos, pedagogos, secretários, médicos, camareiros, porteiros, cozinheiros, padeiros, copeiros etc. Muitos desses cativos eram empregados pelo senhor em atividades e serviços exteriores à residência, com fins lucrativos. Era comum que um escravo se especializasse em diversos serviços domésticos.

Mulher nobre assistida por quatro escravas.

Se os membros privilegiados da famulagem – pedagogos, secretários, concubinas etc. – podiam conhecer vida de fausto e luxo, diferente seria a sorte dos mais humildes serviçais, dedicados a trabalhos duros e desagradáveis. Dá-nos uma ideia das eventuais condições do trabalho doméstico o fato de o porteiro trabalhar, muitas vezes, acorrentado à entrada da porta da residência que devia vigiar. Nos séculos segundo e terceiro do Império, o empobrecimento da sociedade e a dificuldade em sustentar uma grande *familia urbana* tendeu a restringir, mesmo entre os mais ricos, o número de servidores domésticos.

Artesanato refinado

No primeiro século de nossa era, o artesanato romano alcançou verdadeiro apogeu. Artífices altamente especializados, com múltiplas habilidades, trabalhavam em pequenas e médias oficinas. Nessa atividade, era grande o número de homens livres, de libertos e de escravos. Os artesãos esforçavam-se para comprar um ou mais escravos que os secundassem no trabalho. Era comum que senhores adquirissem um cativo, ainda menino, para pô-lo a aprender um ofício. Mais tarde, seria explorado de forma vantajosa. Parece ter sido bastante dura a vida desses aprendizes. Eles começavam a trabalhar com cinco anos ou pouco mais.

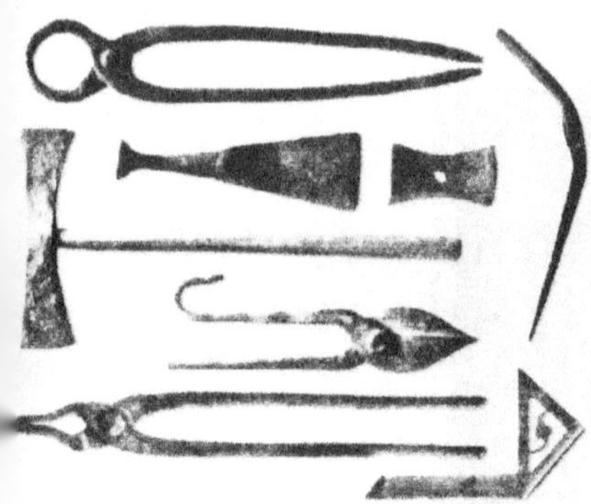

Ferramentas usadas pelos artífices romanos: alicates, martelo, pá, um esquadro de pedreiro e instrumentos cortantes. Era hábito senhorial comprar um escravo, ainda criança, e ensinar-lhe um ofício.

Um cativo podia combinar com o senhor o pagamento de uma renda fixa periódica. Era-lhe então possível estabelecer-se e praticar livremente sua habilidade. Como vimos, uma das mais interessantes instituições da escravidão antiga foi o pecúlio, ou seja, os bens que o senhor reconhecia, ao seu bel-prazer e durante o tempo que quisesse, como pertencentes ao cativo. Sobretudo no Império, o pecúlio desempenhou papel econômico-social singular. Ele "independentizava" o escravo do senhor, dando-lhe "responsabilidade" jurídica. Assim, o *servus* comprava, vendia, endividava-se etc. Era-lhe possível, até mesmo, associar-se a homens livres. Dentro de certos limites, o pecúlio, e não os bens do amo, era o penhor dessas ações mercantis e financeiras.

Mesmo na República, um cativo podia, como negociante, vendedor etc. – *institor* –, encontrar-se à frente de uma empresa artesanal envolvendo trabalhadores livres e escravos. Muitas vezes, esta localizava-se longe da residência senhorial, em outras cidades e até mesmo nas províncias. O próprio negócio dirigido por um escravo podia fazer parte de seu pecúlio. Esses cativos possuíam quase total autonomia na gestão das empresas. Entretanto, apesar de poderem defender-se na Justiça, não tinham o direito de promover uma ação judicial. Para tanto, deviam recorrer ao senhor.

As condições de existência do escravo urbano dependiam muito das funções que desempenhava. Escravos helênicos altamente instruídos – filósofos, escritores, teatrólogos etc. – eram empregados como administradores, secretários etc. nas mais ricas casas. Viveriam vida privilegiada. Artesãos cativos habitavam com suas famílias, pagando apenas uma renda ao senhor. Como vimos, outros encontravam-se à frente de negócios que administravam com autonomia. Havia uma grande massa de trabalhadores manuais escravizados explorada diretamente pelos senhores ou trabalhando para terceiros. Esses cativos viveriam uma vida mais do que miserável. Num mundo onde o trabalho humano não conhecia quase a ajuda da máquina, o braço e o suor do cativo eram utilizados sem pejo.

Libertos

Os libertos eram outra importante categoria social do mundo romano. Ao menos em tese, qualquer cativo podia almejar a libertação. Para tanto, seu senhor devia manumiti-lo, o que se fazia de dois modos. Um escravista libertava seu cativo *inter amicos*, sempre e quando expressasse o desejo – em uma recepção doméstica, quando nas termas etc. – de que ele assumisse o *status* de homem livre. Os manumitidos *inter amicos* não se tornavam cidadãos e eram assimilados aos *Latini Iuniani*. Não podiam participar da distribuição de alimentos, não testavam, não herdavam etc.

Os escravos manumitidos por censo, testamento ou na presença de um magistrado, ao contrário, ascendiam a uma forma restrita de cidadania romana.

Muitos libertos artesãos associavam-se aos seus ex-senhores ou trabalhavam para estes como empregados, enquanto alguns se estabeleciam independentemente.

Como os manumitidos *inter amicos*, eles não podiam ser novamente reduzidos à escravidão. Porém participavam da distribuição de alimentos e dos deveres e direitos municipais. Entretanto não eram cidadãos plenos. Não elegiam os magistrados, não podiam ascender à condição de magistrados e prestavam um serviço militar subalterno.

Sempre dependente

Um liberto não rompia de forma total os vínculos que o haviam ligado ao seu ex-senhor. Se comprara sua liberdade ao amo, essas obrigações eram, em geral, poucas. Se recebera graciosamente a manumissão, elas podiam ser tirânicas. Era comum manumitir um cativo sob condição: permaneceria morando com o ex-senhor até a morte deste último; continuaria trabalhando um certo tempo para o ex-amo; cumpriria, sempre, certas tarefas; faria, sempre, certos pagamentos etc.

Fosse qual fosse o caminho usado para alcançar a libertação, um cativo estava obrigado a auxiliar o senhor e os familiares diretos deste, quando necessitados. E parte de sua herança destinava-se ao ex-amo. O liberto que faltasse com o respeito ou prejudicasse o antigo senhor podia ser severamente punido pela Justiça.

Era costume emancipar os escravos quando alcançavam certa idade, ou mesmo quando moribundos. Um senhor que partia para a guerra, para uma longa viagem ou envolvia-se em uma conspiração política, podia emancipar os cativos mais queridos. O escravo que denunciasse uma urdidura cidadã contra o Estado ou um complô servil contra os senhores era libertado. Alguns recebiam, até mesmo, o "direito de anel". A bem dizer, a plena cidadania.

Todos os cativos sonhariam com a libertação. De forma geral, foram sobretudo os segmentos "privilegiados" da classe escrava que a alcançaram. As amas de leite, os intendentes, os pedagogos, os jovens amantes, os conselheiros etc. podiam ser libertados sem ônus. Caso não o fossem, tinham melhor oportunidade de amealhar um pecúlio suficiente para manumitirem-se. Os artífices mais dotados, os escravos dedicados ao comércio e às finanças teriam alguma oportunidade nessa empreitada. O mesmo não se pode dizer dos milhões de humildes servidores trabalhando nos campos, nas minas ou nas cidades. O pastor Titiro, das *Bucólicas* de Virgílio, conquistara a liberdade quando tinha já a "barba branca". Para muitos cativos envelhecidos, a própria manumissão tornava-se um verdadeiro "presente de grego".

Era comum os libertos das famílias cidadãs mais ricas, sobretudo os domésticos, permaneceram na casa senhorial. No Baixo Império, generalizou-se o hábito de emancipar os cativos rurais e transformá-los em pequenos "arrendatários". O que permitia uma exploração mais rentável dos latifúndios. Muitos libertos, dedicados às mais variadas artes artesanais, associavam-se aos seus ex-amos ou trabalhavam como empregados nos negócios dos senhores. Um bom número preferia estabelecer-se de forma independente.

Alguns manumitidos chegaram a acumular fortunas e a conquistar significativa importância social. As condições médias de vida e de trabalho dos libertos parecem ter sido medíocres. Mesmo os libertos enriquecidos não se confundiam verdadeiramente com os nascidos livres. A obra de Petrônio Árbitro – *Satyricon* – revela o profundo desprezo das classes senhoriais, nos primeiros tempos do Império, pelos libertos enriquecidos. As fontes históricas conhecidas sugerem-nos que os libertos viviam, trabalhavam, casavam e morriam entre libertos, de certa forma, marginalizados. Nos tempos finais do Império, o *status* do manumitido pobre tendeu a degradar-se muito.

10.

A luta de classes na Antiguidade

É complexa a análise das formas, conteúdo e consequências da resistência das classes escravizadas na Antiguidade. Isso deve-se, inicialmente, à amplitude do período histórico abarcado pelo conceito "escravidão antiga". O escravismo greco-romano desenvolveu-se por mais de mil anos. Muitas vezes, as fontes disponíveis são insuficientes. Através desse milênio, o *status*, a sorte e o comportamento dos cativos modificaram-se sobremaneira. Da Roma pré-republicana ao Império, a própria importância econômico-social relativa da classe escrava não cessou de crescer. O mesmo poderíamos dizer para importantes regiões do mundo helênico.

A pluralidade de relações sociais que vicejou no contexto das formações clássicas dificulta também a discussão. No escravismo greco-romano, não houve atividade em que não se acotovelassem trabalhadores livres e escravos. Ao lado deles, podiam laborar homens que conheciam formas intermediárias de servidão. Nem sempre é fácil distinguir quais as formas dominantes, quais as subordinadas. Na Grécia continental, havia formações sociais claramente escravistas e outras conhecedoras de relações não escravistas de exploração.

A pluralidade de funções escravas na Antiguidade dificulta também tal estudo. O comportamento social geral de um escravo mineiro da Hispânia e o de um cativo-intendente de um rico romano eram distintos. E, muitas vezes, contraditórios. Mais que o *status* jurídico, era a ocupação que determinava as condições gerais de vida de um cativo, o que tem levado autores a negarem a própria existência de uma classe escrava na Antiguidade. Entretanto alguns escravos privilegiados não diluem o carácter classista da massa escrava. Para penetrar a essência desse fenômeno, é necessário inquirir as condições médias de existência da população escravizada.

A complexidade do estudo da resistência escrava antiga agrava-se devido a sérios problemas metodológicos. A análise materialista da História da humanidade, a partir das contradições sociais específicas aos distintos estágios socioprodutivos das formações sociais, é método relativamente recente. Os mais produtivos trabalhos produzidos com essa metodologia referem-se à crise do feudalismo e à gênese/superação do capitalismo. A partir dos anos 1930 deste século, a historiografia marxista submergiu em uma profunda crise metodológica, dificultando a ampliação dos períodos históricos submetidos, de forma sistemática, a uma criativa e rigorosa análise histórica.

A História Antiga constituiu um dos principais campos de intervenção da historiografia stalinista. Com a luta de classes como motor da história, por dogma, e as lutas proletárias modernas, por paradigma, o marxismo burocrático produziu uma prolixa literatura em que o mundo antigo se dividia praticamente em duas grandes classes – escravos e senhores – em ininterrupto confronto. Essa historiografia supervalorizava as insurreições escravas – reais ou não – e discutia seus fracassos. Implicitamente, lamentava-se a incapacidade de os explorados organizarem *sovietes* vitoriosos de escravos, libertos e colonos, dos campos e das cidades. Não se aceitava que o escravo-gladiador Espártaco não tivesse vestido a veste do bolchevique Lênin.

As diversas correntes da historiografia conservadora analisaram com igual atenção o mundo greco-romano. Refinadas operações ideológicas foram desenvolvidas nesse domínio. O erudito e excelente historiador M. I. Finley é um bom exemplo. Ele encontra, na geração das antípodas "liberdade e escravidão", a chave do "milagre ocidental". Partindo do elogio dessa "liberdade", conhecida, na Antiguidade, "exclusivamente" pela civilização europeia, conclui com a apologia da "propriedade privada". Para Finley, esta seria o grande divisor de águas entre um Ocidente singular e um Oriente que, sintomaticamente, define de "burocrático" (*A sociedade antiga*).

Essas operações são sustidas por algumas correntes acadêmicas influenciadas pelo marxismo. Para elas, ainda que as contradições sociais – ou seja, a luta de classes – expliquem a passagem do feudalismo ao capitalismo e, em determinadas circunstâncias, a do capitalismo ao socialismo, não seriam o motor do devir histórico. A partir de uma rápida e anacrônica leitura das insurreições escravas na Antiguidade, esses analistas descartam, como agente da superação da produção escravista antiga, as contradições sociais internas àquele modo de produção. Reduzindo a eficiência do método materialista a alguns períodos da História, negam a necessidade de aplicá-lo ao presente.

Nos anos 1950, pensadores criativos influenciados pelo marxismo – como Gordon Childe e outros – retomaram criticamente a análise das civilizações antigas. Nas décadas seguintes, condições históricas propícias permitiram um novo impulso na análise daquele período do passado. O fim do ostracismo no qual a historiografia stalinista lançara o modo de produção asiático e a desmoralização dos seus rígidos esquemas histórico-evolucionistas contribuíram também para o fim do verdadeiro bloqueio metodológico em que se encontrava a historiografia daquele período.

Nos anos 1960 e 1970 a própria historiografia soviética produziu alguns valiosos trabalhos que romperam com o passado dogmatismo. Entre esses pesquisadores corajosos destacaram-se historiadores como E. M. Staerman e M. K. Trofimova. A análise e a crítica minuciosa do escravismo colonial americano e, sobretudo, sua compreensão como modo de produção historicamente novo colaboraram nessa revisão da História da Antiguidade.

A maciça ofensiva neoliberal dos anos 1980, concluída com a sua vitória histórica, no início dos anos 1990, praticamente interrompeu os estudos sistemáticos da História da humanidade a partir das contradições entre explorados e exploradores. Chegou-se a teorizar que o mundo aportara ao nirvana do mercado, ao fim da História. Crescentemente, a historiografia abandona sua obrigação de explicar pela de apenas descrever. De ciência, reduz-se a uma forma de literatura especializada.

Devido aos limites deste ensaio, à complexidade do problema e aos limites de nossos recursos, apresentaremos apenas algumas das principais formas de lutas de classe conhecidas pelo escravismo antigo. Privilegiaremos, nessa rápida análise, os três primeiros séculos do Império. Por último, delinearemos uma sucinta explicação da crise e da superação do escravismo clássico.

11. Insurreição e escravismo

Com a vitória soviética, em 1917, o assalto insurrecional do poder apresentou-se como a forma mais elevada de luta social no capitalismo. Socializados na produção material, os trabalhadores associam-se politicamente para ascender ao poder e socializar a gestão do Estado e o desfrute dos bens sociais. Nesse momento da História da humanidade, o nível de desenvolvimento socioeconômico determina que a classe dominada eleve-se necessariamente a classe dirigente para superar as contradições sociais.

A não ser em nível muito genérico e portanto escassamente operatório, não existem leis tendenciais pertinentes a todas as formas de luta social conhecidas pela História. Em geral, analisaram-se as lutas escravas, clássicas ou coloniais, com concepções próprias à sociologia dos movimentos sociais modernos. As grandes insurreições escravas da Antiguidade foram criticadas com categorias e visões próprias aos tempos contemporâneos. A partir da incapacidade de o escravo greco-romano sublevar-se vitoriosamente contra a ordem escravista, deduziu-se que ele não teria desempenhado papel revolucionário no passado.

Apesar de semelhanças gerais, são grandes as divergências da resistência escrava sob o escravismo clássico e sob o colonial. Na Antiguidade, não havia bases sociais e materiais para movimentos abolicionistas, ou seja, para a crítica do escravismo como organização socioprodutiva. A gênese do trabalho livre, como forma dominante de relacionamento social produtivo, só foi possível com o advento do capitalismo. Só com ele os trabalhadores puderam alcançar um elevado nível de consciência social e alçar-se ao poder. Mesmo após a Antiguidade, eram universalmente aceitas as formas servis de submissão do produtor direto. O trabalhador escravizado questionava sua escravidão, não o escravismo. Seu maior desejo seria libertar-se e escravizar seu senhor. Apenas sob forma de confusos movimentos utópicos propôs-se uma organização social em que todos vivessem de seu trabalho.

Na literatura greco-romana, foi uma constante a preocupação senhorial com a rebeldia escrava. Inúmeras pequenas e médias rebeliões servis escaparam ao registro histórico. Temos informações sobre muitos pequenos e médios movimentos servis, vitoriosos ou derrotados. Alguns foram reprimidos antes da deflagração ou rapidamente desorganizados. Outros, de expressão local e regional, foram vitoriosos. Algumas sublevações servis tornaram-se movimentos de massa e exigiram anos de duríssimos combates para serem derrotadas.

A conjuntura histórica, o peso relativo, o *status* e a etnia dos revoltosos etc. determinavam os objetivos gerais desses movimentos, que iam desde a fuga para as montanhas ou a volta aos países de origem até a fundação de novos Estados. Nas épocas ou nos locais onde os trabalhadores escravizados eram categoria social subordinada, muitas vezes eles participaram intensamente das lutas capitaneadas por outros segmentos sociais.

Em 414-13, com o ataque ateniense à Sicília, os cativos da rica colônia corintiana de Siracusa, na costa oriental da ilha, teriam se rebelado sob a direção do escravo Sosístratos. Por ter confiado nas promessas senhoriais de anistia e liberdade, Sosístratos teria sido preso, desorganizando-se assim o movimento. Trezentos cativos teriam conseguido juntar-se aos invasores.

Na cidade-Estado de Tiro, no atual Líbano, os escravos teriam se sublevado, massacrado os homens livres e formado um Estado. Em 332, os descendentes dos rebeldes teriam defendido o pequeno reino, valente e inutilmente, contra Alexandre. O conquistador teria mandado crucificar boa parte dos habitantes de Tiro para castigar, mesmo de forma tardia, a rebeldia escrava.

Na Ática, os escravos mineiros do Láurio teriam se revoltado, massacrado as tropas de vigilância, tomado o forte de Sunium e pilhado, por muito tempo, as redondezas. Entre os antigos, há divergências sobre o momento da revolta – durante a rebelião de Siracusa, durante a primeira ou segunda Guerra Servil, na Sicília etc. Em 413, quando da invasão da Ática, os cativos mineiros teriam abandonado os trabalhos, aos milhares, para se refugiarem junto aos espartanos.

A ilha de Quios foi um grande centro escravista no mar Egeu. Ela teria conhecido diversos movimentos servis. Em torno de 412, quando de um ataque ateniense, os cativos teriam se sublevado em grande número. Na primeira metade do terceiro século, escravos refugiados nas montanhas da ilha teriam passado a atacar as propriedades senhoriais. Sob a direção de Drimakos, teriam imposto um acordo às autoridades da ilha. Para que a paz fosse garantida, os rebeldes receberiam tributos e só acolheriam os cativos maltratados pelos senhores. Já velho, Drimakos se teria feito matar, ou teria sido assassinado, por um jovem amante. Bandas de escravos fugidos teriam continuado a saquear a ilha.

São mais bem conhecidos os movimentos servis romanos. Em 501, no início da República, os cativos conspiraram para incendiar Roma e assaltar o Capitólio. O movimento foi descoberto, e os chefes, crucificados. Logo depois, outra conspiração teria sido descoberta e reprimida. Dessa vez, contaria com apoio entre a plebe. Em 419, registrou-se outra conjuração, com ramificações no campo. Pretendia-se novamente queimar a cidade, tomar a cidadela, escravizar os senhores, apoderar-se de seus bens e de suas mulheres. Durante as Guerras Púnicas, teriam ocorrido conspirações servis mais ou menos sérias.

Em *c.* 198, na colônia de Setia, no Lácio, formada por reféns (nobres) cartagineses, os escravos planejaram rebelar-se e massacrar os senhores e a população livre. O movimento teria início quando a população se encontrasse reunida no teatro. Devido a uma delação, dois mil romanos armados apressadamente pelo pretor urbano de Roma teriam reprimido o movimento. Em torno de quinhentos escravos teriam sido recapturados e terrivelmente supliciados. Os cativos pretendiam abandonar a Itália por mar.

Em 196, dois anos mais tarde, na Etrúria, uma legião romana derrotou outro movimento escravo. Como era praxe, os cabeças do movimento foram crucificados. Em 185, os escravos pastores levantaram-se em grande número na Apúlia. Tito Lívio afirma que mais de sete mil teriam sido condenados à morte. Segundo parece, a condenação não foi executada plenamente. Mesmo porque muitos não foram recapturados.

A primeira grande insurreição de escravos romanos ocorreu na Sicília, de 138 a 132. A grande ilha conhecera uma economia agrícola escravista de exportação antes mesmo da conquista romana. Gregos e cartagineses haviam escravizado os autóctones e introduzido cativos forâneos. Os romanos simplesmente mantiveram e desenvolveram a produção agrícola escravista especializada destinada à exportação – grãos, vinhos e azeite. Em grande número, cativos capturados durante as campanhas militares romanas eram introduzidos na Sicília, após serem marcados a ferro.

Em 138, em uma produtiva região da Sicília Central, perto da cidade de Enna, os cativos do impiedoso proprietário Damofile rebelaram-se sob a direção do escravo sírio Eunus, o Devoto. Uns quatrocentos rebeldes, unidos a cativos urbanos, apoderaram-se da cidade e proclamaram Eunus rei. No sudoeste da ilha, mais de cinco mil cativos, liderados por Cléon, um escravo que vivera parte de sua juventude refugiado nas montanhas, ocuparam a cidade de Agrigento. A insurreição, que envolveu sobretudo a Sicília Oriental, recebeu o apoio de proprietários arruinados e camponeses sem terra e chegou a congregar em torno de duzentos mil indivíduos.

Durante quatro anos, as forças rebeldes unificadas mantiveram-se praticamente senhoras da Sicília e fundaram capitais fortificadas no porto de Taormina, próximo ao estreito de Messina, e em Enna, no centro da ilha, onde organizaram uma forma de "monarquia constitucional". Em 132, após a derrota de dois exércitos romanos, o cônsul Publius Rupilius vergou o movimento. Cléon morreu combatendo; Eunus, em uma prisão romana. Mais de vinte mil sublevados teriam sido supliciados. A revolta na Sicília despertaria as esperanças das massas servis mediterrânicas – por esses anos, foram sufocadas conspirações em Roma, Praeneste, Sinuessa, Macedônia, Ática, Delos etc.

Possivelmente no mesmo ano da derrota dos escravos sicilianos, no reino de Pérgamo, na província da Ásia, escravos, servos e livres-pobres rebelaram-se sob a chefia de Aristônico, irmão bastardo do senhor que entregara o reino aos romanos. O movimento tentara construir uma sociedade utópica em que todos trabalhariam. Heliópolis, Roma e cidades-Estados da Ásia Menor uniram-se contra Aristônico e seu movimento libertário, que foi derrotado em 130.

Em 104, menos de trinta anos após a dura repressão à insurreição siciliana, a ilha era incendiada por outro grande movimento servil, dessa vez com centro na parte ocidental da ilha. Sob pressão, o governador romano Licinius Nerva teria libertado mais de oitocentos indivíduos, ilegalmente escravizados, obedecendo a um decreto do Senado que proibia a escravização, por dívidas, de homens livres de povos aliados.

Quando os grandes proprietários subornaram o governador Licinius Nerva para que interrompesse as investigações sobre os cativos com direito à libertação, os escravos, exasperados e desesperançados, sublevaram-se, em diversas regiões, primeiro em pequeno número, a seguir de forma maciça, nas duas extremidades da ilha, tendo como chefe Salvius, sírio, mágico e adivinho, e Athenion, um *villicus*.

Com a unificação das tropas sublevadas, um reino foi erguido em torno da cidade e do morro Triocala. Dessa vez, porém, os senhores se fortificaram nas cidades e os escravos urbanos não se associaram maciçamente ao movimento. Em 101, depois de longos e cruentos combates, o cônsul Manius Aquilius sobrepôs-se aos insurretos. A repressão que se seguiu à vitória pretendeu ser exemplar; portanto, foi indescritível.

Milhares de escravos participantes do movimento foram executados, na ilha, ou lançados às feras, nas arenas romanas. A partir de então, os escravos sicilianos viveram sob o império cotidiano do terror. O simples toque em uma arma era castigado com a sumária condenação à morte. Segundo parece, após essa segunda grande revolta, atemorizados, os proprietários sicilianos renunciaram à exploração dos grandes latifúndios com legiões de escravos acorrentados e optaram por construir pequenas e médias *villae* escravistas ou arrendar suas terras. Por essas épocas, teria ocorrido um outro movimento utópico, no reino de Bósforo, reunindo segmentos plebeus e escravos.

A grande revolta dos escravos romanos (*bellum servile*) foi comandada pelo gladiador Espártaco, originário da Trácia (Bulgária), de 73 a 71. Ao contrário das duas insurreições sicilianas, ela ocorreu na península Itálica e colocou em xeque a ordem romana. Em geral, escravos rebeldes e prisioneiros fortes e corpulentos eram destinados à breve vida de gladiador. Duramente vigiados, eles eram preparados em escolas especiais. Suicídios, fugas e revoltas eram comuns entre esses desesperados. Em 73, quando 74 gladiadores escaparam, em Cápua, e fortificaram-se nas fraldas do Vesúvio, o fato não provocou grande interesse. Nessa tumultuada época, outros bandos de escravos, libertos e livres-pobres infestavam a Itália.

Cena do filme Spartacus *de Stanley Kubrick, realizado em 1960, que narra a revolta dos escravos romanos.*

No contexto da chamada Guerra Civil, anterior a esses acontecimentos, muitos combatentes, habituados ao manejo das armas, derrotados, haviam sido reduzidos à escravidão. Cápua encontrava-se em uma região onde abundavam os escravos pastores e pequenos arrendatários arruinados. O Senado romano encontrava-se ocupado em guerras na Espanha, contra Mitrídates, o poderoso rei do Ponto (Ásia Menor) e contra os piratas do Mediterrâneo. Após rápidas e fulminantes vitórias, a banda de Espártaco cresceu em número e organização e, confiante, combateu as tropas romanas na Campânia, na Lucânia e no Brútio, onde recebeu maciça adesão dos escravos pastores.

O movimento comandado por Espártaco não almejava, como as congêneres revoltas sicilianas, formar um Estado autônomo. O que era praticamente impossível de ser feito, na península Itálica. Após evoluir até o vale do Pó, Espártaco pretendeu assaltar Roma, o coração da República. Apesar de vitorioso na batalha de Picenum, mas talvez se sentindo ainda incapaz de um golpe final, evoluiu novamente com seus exércitos para o sul, a fim de sublevar a população escrava da Sicília. Em 71, traído pelos piratas do Mediterrâneo, não pôde atravessar o estreito de Messina.

Encurralados no Sul da Itália, Espártaco e seus homens foram finalmente vencidos pelos romanos. Como exemplo, seis mil sublevados foram crucificados ao longo da estrada Cápua-Roma. Espártaco lutou até a morte e, segundo parece, seu corpo jamais foi encontrado. Décadas após sua morte, entre os escravos, falava-se de seu retorno. Mais de um milênio e meio depois, na América escravista, os senhores citavam o nome de Espártaco quando se referiam, assustados, ao perigo de uma sublevação de cativos negros escravizados.

Os historiadores divergem sobre os objetivos de Espártaco e seus seguidores. Alguns afirmam que pretendia abandonar a Itália, para retornar ao seu país de origem, não o fazendo devido à inundação ocorrida no vale do Pó ou por ter temido a travessia dos Alpes. O cadinho de raças que compunha os exércitos servis – mais de 120 mil homens – obriga a certa reserva diante dessa hipótese. Muitos cativos nascidos na Itália ou originários de outras regiões abominariam migrar para terras estranhas.

Se Espártaco não pretendia afastar-se da Itália, para ser vitorioso deveria, necessariamente, derrotar o mais poderoso e adiantado Estado de então. E, sobretudo, propor uma forma de organização social, não escravista, que substituísse a ordem romana. Mais do que a traição dos piratas sicilianos ou a defecção de frações de suas tropas, teria sido a impossibilidade histórica de articular uma alternativa econômico-social estável ao Estado romano que explicaria a derrota de Espártaco e seus seguidores.

A revolta comandada por Espártaco foi o último grande movimento escravo conhecido por Roma. No Império, os senhores romanos desenvolveram verdadeiro programa ideológico e repressivo, a fim de prevenir e reprimir sublevações escravas antes que eclodissem. O que de nenhum modo impediu que pequenas e médias conspirações tivessem ocorrido nos primeiros séculos de nossa era.

12. Fuga e escravismo

O roubo, a fuga, o "banditismo", o justiçamento dos senhores, a escassa dedicação ao trabalho, entre outras, foram formas de resistência ao escravismo mais cotidianas do que a insurreição. Elas deteminaram profundamente o escravismo antigo. Esses meios de oposição servil, em geral individuais e inconscientes, se analisados globalmente, iluminam aspectos pouco inteligíveis do escravismo clássico. A fuga do cativo é um bom exemplo. No mundo greco-romano, a possibilidade de o escravo alcançar a libertação pela fuga foi uma eterna preocupação da classe senhorial.

Na Grécia, a tal ponto era habitual a fuga de cativos que se diferenciava o escravo *paramonimos* (disposto a ficar) do *drapetes* (fujão). Essa situação manteve-se inalterada até a crise do escravismo romano. No Império, legislou-se cuidadosamente sobre o problema, procurando-se salvaguardar os direitos de propriedade dos senhores. Um amo podia, à procura de um escapado, penetrar os sacrossantos latifúndios senatoriais.

Na Hélade, o escravo recapturado tinha o rosto marcado a ferro e passava a carregar anéis e correntes de ferro. Em Roma, entre outros suplícios a que eram submetidos os cativos fujões recapturados, era hábito condená-los ao açoite, às correntes, aos trabalhos mais duros e ao ergástulo. Era comum vender cativos recapturados às pedreiras, minas, marmorarias, galeras, construtores de caminhos etc. Nem a vigilância nem a ameaça do castigo sobrepuseram-se à tentação da fuga. Angustiados, senhores consultavam os oráculos sobre as íntimas intenções de seus escravos. Estes, igualmente preocupados, procuravam saber nos vaticínios se seriam felizes na aventura.

Inúmeros fatores determinavam os objetivos dos escapados. Na Grécia, a pluralidade de Estados facilitava fronteiras de libertação. Comumente os escravos atenienses fugiam para Mégara. Na península Itálica, na Sicília, na Grécia continental e insular, as montanhas eram tradicionais coutos de escravos fugidos. Muitas vezes, eles organizavam bandas de assaltantes. Não raro, um *servus* conseguia voltar, após mil peripécias, à terra natal.

Com a expansão e o refinamento do poder político e policial romanos, o retorno à pátria ou a vida em um ermo qualquer dos territórios do Império tornaram-se mais difíceis. Principalmente aos escravos nascidos no cativeiro, sempre restava a possibilidade de encontrar um protetor ou de "metamorfosearem-se" em homens livres.

No Império, temos notícias de escravos que se apresentaram como cidadãos, arrolaram-se no exército e, até mesmo, elevaram-se a postos administrativos, como o de centurião ou de pretor. Senhores abrigavam e protegiam escravos escapados. A cumplicidade entre "senhor" e "cativo" garantiria uma vida melhor ao cativo e um fácil lucro ao novo senhor. Fazer-se passar por homem livre e acoutar escravos eram delitos penalizados pelo direito romano. Os escravos que alcançavam a magistratura ou arrolavam-se no exército eram executados.

No Império, cativos refugiavam-se com os "bárbaros". Não raro, eram por estes revendidos aos romanos. Na Grécia e em Roma, em cartazes, proclamações ou inscrições gravadas sobre os muros das cidades, os senhores descreviam seus escravos fugidos e ofereciam prêmios para aqueles que os prendessem e os devolvessem. Havia uma corporação profissional especializada na captura dos fujões – *fugitivarii*.

Nem sempre uma fuga almejava a libertação. Como vimos, os cativos gregos "martirizados" tinham direito de refúgio em certos templos, altares e bosques sagrados. Se os sacerdotes aceitassem suas súplicas, os senhores eram obrigados a vendê-los. Em certas circunstâncias, as estátuas dos imperadores podiam também servir de abrigo aos escravos romanos. Desnecessário dizer que esses recursos – que expunham à maledicência o "mau" senhor – eram mais do que incertos.

A fuga ou a possibilidade de fuga do escravo oneravam a produção escravista. Os agrônomos romanos viam como uma das grandes desvantagens dos latifúndios escravistas os necessários gastos com a vigilância da escravaria. Para um pequeno senhor, a fuga de um cativo artífice podia significar a miséria. Já assinalamos que os escravos fujões tinham seu preço mercantil depreciado. Como vimos, algumas vezes a fuga de escravos tornou-se movimento multitudinário. O "inimigo interno" podia, sempre, fugir e unir-se ao "inimigo externo".

13. Justiçamento e escravismo

Os senhores temiam sobremaneira o braço do escravo assassino. Os gregos tinham consciência da insegurança em que viviam. Em *A República*, Platão lembra que, sem o apoio de homens livres, um senhor deveria, necessariamente, comprar a complacência de seus cativos para não perecer. Para se precaverem de um ato de sangue, entre outras medidas preventivas, os teóricos gregos aconselhavam uma cautela igualmente conhecida pelos escravistas americanos, ou seja, não era seguro juntar, nas propriedades urbanas e nas explorações agrárias, escravos de uma mesma nacionalidade. A homogeneidade cultural dos oprimidos sempre causou pesadelo aos opressores.

No mundo helênico, os cativos que justiçavam seus senhores ou familiares eram barbaramente torturados e mortos. Era hábito queimá-los vivos. Sobretudo no Império, quando a *familia urbana* dos romanos mais ricos comportava centenas de membros, o receio ao cativo exasperado alcançou verdadeiro paroxismo. Na cidade, o amo envolvia-se em múltiplas e contraditórias relações com seus domésticos. No campo, ele estava ameaçado pelos escravos rurais, sobretudo pelos "acorrentados". Esses trabalhadores, desesperados devido às duríssimas condições de existência, eram uma ameaça permanente à segurança senhorial.

Já vimos que o agrônomo Columella aconselhava extremo cuidado com os escravos acorrentados. Segundo ele, o senhor jamais devia descuidar das necessidades mínimas desses miseráveis. Paládio, um crítico tardio da escravidão romana, preferia os escravos "brutos" aos "inteligentes". Aqueles, ao menos, eram mais submissos. O autor de *Econômico*, uma obra já tida como da autoria de Aristóteles, também desaconselhava o uso de cativos "corajosos", por não serem "fáceis de governar".

Os senhores romanos sempre procuraram precaver-se contra atentados servis com medidas terroristas – preventivas ou exemplares. Possivelmente devido à relativa ineficácia dos maus-tratos e execuções como forma de dissuasão de atentados homicidas contra os senhores, o direito romano responsabilizou toda a *familia* pela segurança senhorial. No ano 9 d.C., o terrível *senatusconsultum Silanianum* começou seu império.

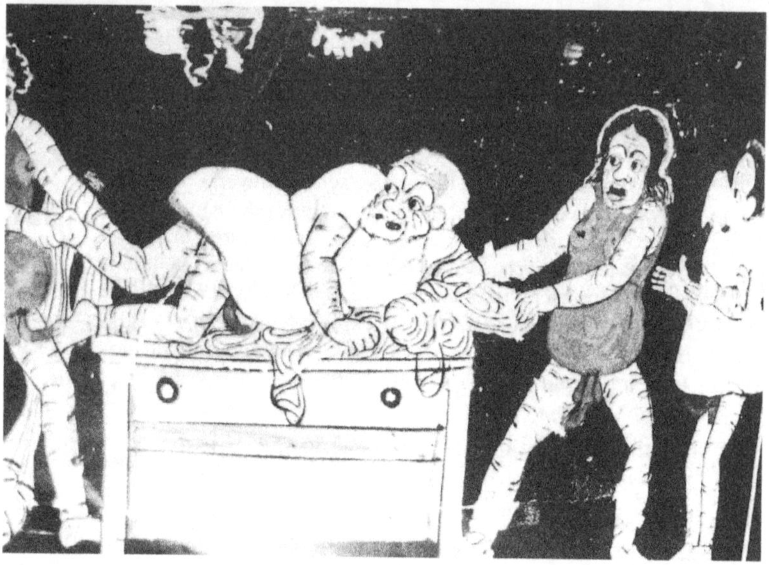

A caricatura acima consta das mais antigas comédias latinas. Dois ladrões (estes eram muitas vezes ex-escravos) roubam um senhor e seu escravo não o defende.

Essa determinação legal considerava que "a segurança das residências [estaria] absolutamente comprometida, se os escravos não [fossem] forçados, sob o preço de suas vidas, a proteger seus senhores contra os domésticos ou os estrangeiros". Portanto, se um *pater familias* ou descendente fosse assassinado, todo cativo que, encontrando-se a uma distância em que pudesse ouvir os pedidos de ajuda, não fosse socorrê-lo seria torturado e executado.

Os escravos acorrentados, os surdos, os loucos, etc. eram poupados. Assim como os gravemente feridos em defesa do senhor.

O *senatusconsultum Silanianum* foi uma arma senhorial classista, fria e impiedosa, que tendeu a destruir qualquer solidariedade entre os escravos quando de um atentado. Por outro lado, muitas vezes se concedia a mais elevada forma de manumissão – "liberto de ninguém" – aos cativos que denunciavam complôs, individuais ou coletivos, contra a vida ou a ordem senhoriais.

No tempo de Nero, Pedânio Secondo, prefeito de Roma, foi assassinado por um seu escravo que, embora tendo-lhe pago o preço da manumissão, não fora libertado. Toda a *familia* do senhor vigarista – quatrocentos escravos de ambos os sexos e das mais variadas idades – foi executada, apesar da forte agitação que a fria medida senhorial causou entre a plebe romana, constituída em boa parte por libertos.

14. O escravo e o trabalho

O rechaço do cativo ao trabalho escravizado foi, entre as várias formas de resistência escrava conhecida na Antiguidade, a que mais profundamente determinou a produção escravista clássica.

Além de certos limites, eram intransponíveis os obstáculos impostos pelas relações sociais escravistas ao desenvolvimento das forças produtivas materiais. No Baixo Império, a surda e inconsciente oposição do produtor direto ao trabalho escravizado abriu passo às novas e revolucionárias relações de dominação conhecidas pela sociedade feudal – verdadeiro avanço econômico-social em relação ao mundo escravista romano.

Sobretudo com o desenvolvimento da produção escravista, a sociedade antiga conheceu importantes acréscimos no seu instrumental produtivo e nos métodos de trabalho. Esse desenvolvimento desdiz qualquer visão de estagnação. Entretanto, era lento e, a partir de determinado momento, tornou-se insuficiente. A maquinaria conhecida pela Antiguidade era simples: a manivela, o parafuso, o sarilho, a roldana, o plano inclinado, o guindaste. Ela foi sistematicamente utilizada mais nas atividades militares do que nas produtivas.

A bem dizer, os transportes, a indústria artesanal, a produção agrícola etc. evoluíram, do mundo helênico até o Império, sem transformações verdadeiramente revolucionárias. Como na Grécia, o transporte romano de mercadorias era sobretudo marítimo e fluvial. As fabulosas estradas consulares tiveram sempre objetivos administrativos e militares. As carroças romanas mantiveram-se frágeis e a atrelagem animal inadequada à tração de pesadas cargas. Em verdade, a atrelagem comprimia o pescoço do animal, dificultando a sua respiração. As mais possantes carroças não deslocavam mais do que meia tonelada.

Na Antiguidade, a galera foi o mais possante meio de transporte aquático. As grandes inovações desse tipo de transporte – a âncora, o molhe, o cais etc. – já eram conhecidas pelos gregos. O leme e a navegação contra o vento só foram dominados muitíssimos anos após a crise do Império. Devido ao mau tempo, o transporte marítimo quase se interrompia no inverno. Quando de tempestades, as galeras deviam procurar ancoradouros seguros.

A indústria artesanal, os transportes e a produção agrícola evoluíram do mundo helênico ao Império sem grandes transformações revolucionárias. Acima, uma carroça romana em miniatura datada de 100 a.C., outrora brinquedo de crianças.

A indústria artesanal romana se desenvolveu e se refinou de forma crescente. Também ela desconheceu inovações revolucionárias. A energia humana e a animal dominaram absolutas. O moinho a água foi imperfeitamente utilizado. Apesar de os romanos possuírem os conhecimentos necessários para o aproveitamento da energia eólica, o moinho de vento só foi "descoberto" e utilizado nas épocas feudais. Nas minas, problemas importantes como os representados pelos lençóis freáticos foram combatidos com soluções rudimentares.

A produção agrícola rural foi a principal base econômica da sociedade romana. Nela, podemos visualizar os limites determinados pelas relações escravistas à produção econômica. Nos últimos séculos do escravismo romano, a economia agrária refinou-se significativamente. A própria teoria agronômica acompanhou e sistematizou a especialização da economia rural. A viticultura, a oleicultura, a piscicultura, a apicultura, a floricultura etc. foram abordadas em minuciosos tratados. Entretanto, de forma geral, a ciência e o instrumental agrícola de base mantiveram-se os mesmos dos séculos anteriores.

Na agricultura, os romanos não ultrapassaram jamais o pousio bienal, recomendado por Virgílio nas *Geórgicas*. O trânsito feudal para a rotação tripartida significou um aumento de 1/8 da área cultivável e de metade da produção. O arado leve, com relha de ferro e tracionado por mulos ou bovinos, foi o principal instrumento agrícola romano. A revolucionária ceifeira com rodas restringiu-se, sobretudo, à Gália. O arado pesado, próprio às terras profundas e tracionado por rápidos animais cavalares, foi uma conquista dos tempos feudais. Em geral, o pastoreio romano foi uma atividade criatória extensiva.

O domínio do trabalho escravizado inibia o progresso das técnicas e das ferramentas. À medida que a produção escravista assumia importância, crescia o desprezo senhorial pelo trabalho físico. Consequentemente, aumentava o abismo entre os que pensavam e os que faziam. Na Antiguidade, não se procuravam aplicações práticas para os avanços teóricos nem soluções teóricas para as dificuldades materiais. A abundância e o desperdício de mão de obra escrava inibiam também a descoberta e o uso de energias alternativas. Loucos e escravos bastavam às necessidades das pesadas mós da Antiguidade.

O trabalho escravizado exigia vigilância e controle policial constante e adequava-se com dificuldade a certas tarefas, como a produção cerealífera, atividade sazonal. Portanto, no interregno agrícola, o cativo devia ser alimentado. A produção mercantil romana era inibida pelos meios de transporte da época e pelo restrito mercado consumidor. A pluralidade de atividades produtivas das unidades rurais permitia uma melhor ocupação da disponibilidade do trabalho servil, mas restringia a sua especialização. A autarquia produtiva e o trabalho escravo limitavam o mercado consumidor. Tudo isso fortalecia as tendências à autossuficiência.

Os agrônomos romanos referem-se amiúde à baixa qualidade do trabalho escravo na agricultura. Os cativos roubavam o grão, danificavam os instrumentos, inutilizavam o gado, esforçavam-se o menos possível. Columella recomendava que os senhores visitassem com frequência suas explorações e afirmava que os escravos aravam rudemente e tratavam mal os animais. O pseudo-Aristóteles lembrava que o "olho do dono" engorda a criação e que a vigilância das tarefas devia ser repartida entre o senhor e sua mulher.

Nesse contexto geral, o trabalho escravizado limitava tendencialmente as possibilidades de refinamento das técnicas e dos instrumentos agrícolas. Elevar o nível cultural dos escravos rurais produtivos era econômica e politicamente inviável aos senhores. Formas de remuneração e privilégios como as que conheceram os escravos dedicados ao comércio, às finanças etc. eram impossíveis de serem generalizadas no campo.

15. Crise e superação do escravismo antigo

O escravismo greco-romano perdurou por mais de mil anos. Na Antiguidade, ao lado das relações escravistas subsistiu sempre uma complexa pluralidade de outras relações de produção, dominantes ou subordinadas. A importância do escravismo no mundo grego variou segundo a época e a região. O advento do escravismo como forma dominante de produção teve consequências revolucionárias. Com a sua difusão, o mundo antigo conheceu um grande desenvolvimento material.

A produção escravista patriarcal alcançou uma primeira maturidade em importantes regiões do mundo helênico. Do século quarto ao terceiro, ela dominou a sociedade romana para, a seguir, dar origem à produção escravista pequeno-mercantil. Até o século segundo de nossa era, esta última foi a responsável pelo sucesso econômico da *villa* – pequena ou média empresa mercantil intensiva voltada para o mercado. Em tais explorações, as condições médias de vida e de trabalho dos cativos tenderam a piorar.

Por séculos, no contexto da produção escravista, a gestão, os instrumentos e as técnicas de trabalho enriqueceram-se e refinaram-se. Entretanto, submetido crescentemente a formas intensivas de trabalho, o trabalhador escravizado fugia, rebelava-se, labutava o menos possível e consumia o máximo que lhe permitiam. Eram fortes as tendências que empurravam em direção à concentração latifundiária das terras. A partir de certo momento, para que o crescimento da riqueza social prosseguisse, era necessário que a produção pequeno-mercantil se metamorfoseasse em grande produção mercantil escravista.

O caráter seminatural da economia, os pouco desenvolvidos meios de transporte e a resistência escrava foram barreiras intransponíveis a essa transformação. Mesmo no Império, a economia romana manteve sempre seu caráter agrário e seminatural. As propriedades concentravam-se crescentemente, mas proliferavam e reproduziam-se milhares de pequenas explorações de subsistência. Nas regiões isoladas, dominavam o pastoreio extensivo e a agricultura cerealífera de subsistência. A esfera mercantil do escravismo romano – assentada sobretudo nas médias e pequenas empresas agrárias – jamais chegou a sobrepor-se a essa realidade.

A produção comercial só era viável em regiões próximas aos núcleos urbanos ou servidas pelo transporte aquático. Como acabamos de ver, pequenas e médias embarcações eram os principais meios de transporte de mercadorias. No inverno, o tráfico mediterrânico retraía-se. As estradas consulares não tinham fins comerciais. As carroças eram frágeis e a atrelagem animal insuficiente.

No artesanato romano dominou sempre a pequena e a média produção, baseadas nas energias animal e humana. Seu pequeno porte impedia o aproveitamento racional do moinho d'água e da energia eólica. Uma parte substancial da população urbana era constituída de indivíduos economicamente improdutivos. Grandes concentrações de escravos feitorizados punham sérios problemas à ordem senhorial. A produção escravista deu passo à produção feudal e não a empresas agrárias que produzissem para o mercado e trabalhassem com equipes de centenas de escravos.

Grandes propriedades

No Império, a agricultura progrediu significativamente. Os agricultores romanos preocupavam-se com erosão, adubação, aradura, seleção das sementes, produtividade do trabalho escravo etc. As *villae* praticavam uma agricultura escravista, intensiva e especializada que, baseada na produção de vinho e óleo e voltada para um mercado urbano restrito, alcançou elevado rendimento e produtividade.

O advento da propriedade latifundiária colocava a necessidade da superação da pequena produção mercantil. O latifúndio escravista devia produzir cereais de forma extensiva. Como vimos, a cerealicultura adaptava-se mal à produção feitorizada. Os cativos trabalhavam intensivamente apenas alguns meses – aradura, semeadura, colheita etc. – e consumiam durante todo o ano. Grandes equipes servis exigiam grandes gastos com a compra e a vigilância dos cativos. De produção pequeno-mercantil intensiva, a agricultura involuiria a uma atividade grande-mercantil extensiva.

A grande produção entrava em contradição com o mundo romano. O latifúndio mercantil vendia muito e comprava quase nada. Portanto, encontrava escassos mercados para os seus produtos numa sociedade seminatural. Sobretudo porque produzia grãos, o principal produto da agricultura de subsistência. A crise geral da agricultura escravista itálica foi agravada pela competição movida pelas províncias. No primeiro século do Império, quantidades de grãos começaram a ser desembarcadas em Óstia, chegadas da Gália. Mais tarde, os vinhos e os óleos produzidos na Espanha e na Gália mediterrânica invadiram os mercados itálicos e as províncias setentrionais.

A partir de meados do século segundo antes de nossa era, a agricultura pequeno-mercantil sentiu a força das intransponíveis barreiras impostas pelo caráter escravista da produção que acabamos de assinalar. A produção escravista, que garantira séculos de desenvolvimento, ingressava em uma profunda crise. A tendência crescente à propriedade latifundiária entrava em contradição com a principal forma de exploração do trabalho social. O nível de desenvolvimento das técnicas, dos instrumentos de trabalho etc. tornara possível um salto na produtividade do trabalho humano. O colonato e o feudalismo permitiram a solução do impasse.

Nos grandes latifúndios do Baixo Império, por muito tempo, coabitaram formas escravistas e formas parcelares de exploração do trabalho. A superioridade destas últimas impôs-se com gradualidade e lentidão. A pressão dos trabalhadores em favor desse trajeto constituiu fator essencial da transição da produção escravista à feudal. Inconscientemente, os trabalhadores que resistiam à produção como escravos esforçavam-se como colonos. Devido a essa lentíssima evolução, o produtor feudal foi conhecido, nas diversas regiões romanizadas da Europa, por apelativos derivados da categoria usada, no mundo romano, para designar o escravo. De *servus*, na Antiguidade, passou a ser chamado de *serve* (França), *servo* (Itália), servo (Portugal) etc., na Idade Média.

Desde o segundo século de nossa era, os latifundiários romanos optaram por uma exploração heterogênea de suas grandes propriedades. Ao lado do cultivo direto de parte das terras, desenvolvido com os escravos da *familia rustica*, cediam terras a agricultores livres – *colonus* – em troca de uma renda monetária. Num mundo de economia seminatural, era incerta a sorte da pequena agricultura mercantil. Em geral, esses colonos reproduziam, em ponto menor, a agricultura da *villa*. Alguns deles trabalhavam ajudados pela família; outros possuíam alguns escravos. Com o passar dos anos, os proprietários de escravos tenderam a tornar-se exceções.

Novos tempos

Esses pequenos arrendatários plantavam os cereais que consumiam, exploravam pequenas vinhas e olivais. Quando as colheitas eram excelentes, os preços prostituíam-se. Quando eram parcos os frutos dos campos, os produtores apenas se alimentavam. Vendo seus arrendatários arruinados, desinteressados de uma produçao que, devido às suas dívidas atrasadas, já não lhes pertencia, os grandes proprietários romanos convertiam em produtos os aluguéis da terra em rendas.

Arrendando parte das terras a camponeses livres ou a pequenos empresários, os latifundiários diminuíam os gastos com aquisição, administração e controle de escravos e instrumentos de trabalho. A renda fixa ou proporcional obtida era comercializada no mercado e consumida por suas *familiae* urbana e rural. O pequeno camponês se fatigava na gleba para que sobrasse, após o pagamento da renda, o máximo possível para o seu consumo. Esse colono reproduzia-se naturalmente e o senhor não gastava com a compra de escravos.

O confronto entre a produtividade do trabalho do camponês livre e mal apetrechado e a do escravo provido dos melhores instrumentos de trabalho levou os senhores a concederem a seus cativos o direito de levantarem uma cabana e de explorarem uma parcela agrícola, como "parceiros". Esses escravos-colonos – *servi casati* – permaneciam sob a total autoridade dos senhores. No momento de pico das tarefas agrícolas, trabalhavam nas terras que o senhor explorava diretamente com escravos.

Essas práticas propiciavam as condições e os incentivos mínimos necessários para que o escravo formasse família e se reproduzisse. Sua prole, criada sob seus cuidados e por ele sustentada, continuava, como *servus casatus*, a pertencer ao senhor.

Com a generalização dessas formas de produção, cativos passaram a pressionar seus senhores para que lhes concedessem também parcelas de terra. O *servus casatus* e o *colonus* foram a base de novas relações sociais de produção que, adaptadas ao caráter dominantemente natural da economia, aprofundaram a tendência à autarquia do grande latifúndio.

Naturalmente ou sob a direção dos senhores, na medida do possível, essa economia rural tendeu a cobrir todas as necessidades da *familia* senhorial. O próprio artesanato, que se separara da economia doméstica do *oikos* e migrara para a cidade, procurou refúgio no interior da grande propriedade. No Baixo Império, ele deu origem às oficinas artesanais anexas à *villa* e exploradas com mão de obra escrava. Não raro, nessas oficinas trabalhavam, "remuneradas" com alguns metros de pano rústico, em simples teares, as mulheres e filhas dos *servi casati*.

Nos séculos quarto e quinto de nossa era, com a difusão dessa economia – que se voltava para o autoabastecimento –, abandonaram-se tendencialmente as técnicas intensivas praticadas pela agricultura da *villa* e, em muitos casos, parcialmente, os instrumentos de ferro foram substituídos por outros, de madeira, de produção local. Tratava-se porém de uma involução aparente.

Na Grécia, a transição da civilização micênica à Idade do Ferro Antiga constituiu um importante avanço civilizatório, apesar da aparência de crise e decadência social. A agonia da sociedade antiga não deu passo a uma idade das trevas. Com o fim da sociedade e da produção escravista romanas e com o advento do mundo e da produção feudais, a humanidade dava um grande salto para diante.

Cronologia

2400-1400 a.C.
- O mundo minoico mantém comércio com várias regiões do Mediterrâneo.

1700-800 a.C.
- Idade do Bronze.

1400-1200 a.C.
- Utilização da escrita linear B pelos micênicos.

1200-800 a.C.
- Idade Homérica.

1100 a.C.
- Invasão dórica; crise micênica.

800 a.C.
- Idade do Ferro; *Ilíada* e *Odisseia*.

753 a.C.
- Fundação lendária de Roma por Rômulo.

753-509 a.C.
- Monarquia romana.

750 a.C.
- Começo da expansão das colônias gregas.

619-509 a.C.
- Reis etruscos em Roma.

594 a.C.
- Sólon reforma as instituições políticas em Atenas.

509-27 a.C.
- República romana.

501 a.C.
- Conspiração servil em Roma.

493 a.C.
- Criação do Tribunato.

480 a.C.
- Invasão persa da Grécia.

451 a.C.
- Plebe romana obtém a Lei das Doze Tábuas.

431-404 a.C.
- Guerra do Peloponeso.

419 a.C.
- Conjuração servil em Roma.

415-413 a.C.
- Fracassa expedição ateniense na Sicília.

414-413 a.C.
- Rebelião escrava em Siracusa.

413 a.C.
- Cativos mineiros do Láurio fogem para o lado espartano, quando da invasão da Ática.

412 a.C.
- Cativos de Quios se sublevam durante invasão ateniense.

396 a.C.
- Conquista de Veio pelos romanos.

367 a.C.
- Lei permite que plebeus sejam cônsules.

359-336 a.C.
- Reino de Filipe da Macedônia.

356 a.C.
- Conquista da Etrúria pelos romanos.

348 a.C.
- Segundo tratado marítimo entre Roma e Cartago.

338 a.C.
- Submissão do Lácio e início do expansionismo romano.

336-323 a.C.

- Reino de Alexandre, o Grande.

326 a.C.

- Abolição da escravidão por dívidas em Roma.

265 a.C.

- Fim da conquista da Itália pelos romanos.

264-146 a.C.

- Guerras Púnicas (contra Cartago).

198 a.C.

- Rebelião escrava na colônia romana de Setia, no Lácio.

196 a.C.

- Rebelião escrava na Etrúria.

185 a.C.

- Rebelião de escravos pastores na Apúlia.

138-132 a.C.

- Rebelião escrava na Sicília.

132-130 a.C.

- Rebelião escrava em Pérgamo.

104-101 a.C.

- Rebelião escrava na Sicília.

73-71 a.C.

- Guerra servil sob a liderança de Espártaco.

Bibliografia

ANDERSON, Perry. *Passages from Antiquity to feudalism*. London, Verso, 1981.

BIEZUNSKA-MALOWIST, Iza. *La schiavitù nell'Egito grego-romano*. Roma, Riuniti, 1984.

BLOCH, Marc. *Lavoro e tecnica nel Medioevo*. Bari, Laterza, 1984 [Universale Laterza, 103].

_____ et al. *La transición del esclavismo al feudalismo*. Madrid, Akal, 1980.

BLOCH, Raymond. *Origens de Roma*. Lisboa, Verbo, 1966 [História Múndi, 6].

CANFORA, Luciano. *Il comunista senza partido*. Palermo, Sellerio, 1984.

CHILDE, Gordon. *De la Préhistoire à l'Histoire*. Paris, Gallimard, 1963.

CICCOTTI, Ettore. *Il tramonto della schiavitù nel mondo antico*. Roma-Bari, Laterza, 1982.

COLUMELLA. *L'arte dell'agricoltura*. Torino, Einaudi, 1977.

COOK, Robert M. *Os gregos*. Até Alexandre. Lisboa, Verbo, 1971 [História Múndi, 3].

CRISTOFANI, Mauro, org. *Dizionario della civiltà etrusca*. Firenze, Giunti Martello, 1985.

DIAKOV, V. & KOVALEV, S., orgs. *Histoire de l'Antiquité*. Moscou, Langues Etrangères, s. d.

EILEEN, Power. *Vita nel Medioevo*. [Medieval people]. Torino, Einaudi, 1966 [PBE, 74].

ESIODO. *Opere e giorni*. Milano, Garzanti, 1985.

FINLEY, M. I. *A economia antiga*. Porto, Afrontamento, 1980.

______. *Esclavage antique et idéologie moderne*. Paris, Minuit, 1981.

______. *Le monde d'Ulysse*. Paris, Maspero, 1985.

______. *La politica nel mondo antico*. Roma-Bari, Laterza, 1985.

GARLAN, Yvon. *Les esclaves en Grèce ancienne*. Paris, Maspero, 1982.

GIARDINA, A. & SCHIAVONE, E., orgs. *Società romana e produzione schiavistica*. I. L'Italia: insediamenti e forme economiche. Roma-Bari, Laterza, 1981.

GLOTZ, Gustavo. *História econômica da Grécia*. Desde o período helenístico até a conquista romana. Lisboa, Cosmos, s. d.

GORENDER, Jacob. *O escravismo colonial*. 4. ed. São Paulo, Ática, 1985.

HATZFELD, Jean. *História da Grécia antiga*. Lisboa, Europa-América, 1981.

HOOD, Sinclair. *Os minoicos*. Lisboa, Verbo, 1973 [História Múndi, 35].

KOLENDO, Jurzy. *L'agricoltura nell'Italia romana*. Itália, Riuniti, 1980.

KOVALIOV, S. I. *Storia di Roma*. 4. ed. Roma, Riuniti, 1955.

MAESTRI, Mário. *Breve história da escravidão*. Porto Alegre, Mercado Aberto, 1986.

______. *Servidão negra*. Porto Alegre, Mercado Aberto, 1988.

MARTINO, Francesco de. *Storia economica di Roma antica*. Roma, Nuova Italia, 1980. 2 v.

McDONALD, A. H. *Roma republicana*. Lisboa, Verbo, 1971 [História Múndi, 26].

OMERO. *Iliade*. Milano, Garzanti, 1985.

______. *Odissèa*. Milano, Garzanti, 1983.

PALLOTTINO, M. *Etruscologia*. 7. ed. Milano, Hoepli, 1984.

______. *Storia della prima Italia*. Milano, Rusconi, 1985.

PETIT, P. et al. *El modo de producción esclavista*. Madrid, Akal, 1986.

PETRONIO ARBITRO. *Satyricon*. Milano, Rizzoli, 1984.

PINSKY, Jaime, org. *O modo de produção feudal*. 3. ed. São Paulo, Global, 1984.

______. *Modos de produção na Antiguidade*. 2. ed. São Paulo, Global, 1984.

PLATÃO. *A República*. Porto Alegre, Globo, 1964.

SICHIROLLO, Livio, org. *Schiavitù antica e moderna*. Napoli, Guida, 1979.

STAERMAN, E. M. & TROFIMOVA, M. K. *La schiavitù nell'Italia imperiale*. Roma, Riuniti, 1975.

TAYLOR, L. W. *Os micênicos*. Lisboa, Verbo, 1970. [História Múndi, 23].

TRIGARI, M., org. *Schiavitù e società nel mondo antico*. Messina Firenze, G. D'Angna, 1977.

TUCIDE. *La guerra del Peloponesso*. Milano, Garzanti, 1984.

UTCHENKO, S. L. et al. *Estado y clases en las sociedades antiguas*. Madrid, Akal, 1982.

VIGETTI, Mario, org. *Marxismo e società antica*. Milano, Giangiacomo Feltrinelli, 1977.

VIRGILIO. *Bucoliche. Georgiche*. Milano, Biblioteca Universale Rizzoli, 1992.

______. *Georgiche*. Milano, Garzanti, 1982.

WALLON, Henri. *Histoire de l'esclavage dans l'Antiquité*. Paris, Robert Laffont, 1988.

WEBER, Max. *Historia agraria romana*. Madrid, Akal, 1982.

Discutindo o texto

1. Quais as condições históricas necessárias para que haja escravidão? O que caracteriza a situação do escravo?

2. Quando podemos definir uma sociedade como sendo escravista?

3. Aponte os principais aspectos da escravidão micênica que contribuíram para a organização da escravidão no mundo grego.

4. Em que medida a utilização do ferro contribuiu para o aumento da produtividade do trabalho humano? Qual a sua relação com o estabelecimento das sociedades escravistas?

5. Como se desorganizou a sociedade gentílica, no mundo homérico?

6. Indique os principais fatores que concorreram para a transformação da sociedade helênica numa sociedade de classes mais complexa.

7. Justifique a diferença entre as relações escravistas nas zonas rurais e aquelas existentes nas cidades-Estados gregas.

8. Compare a escravidão grega com a escravidão nas colônias americanas.

9. Partindo da análise da função do escravo e dos interesses dos senhores, relacione as diferentes categorias de escravos na Grécia.

10. Explique a inexistência de escravismo nos primeiros séculos da história romana.

11. Considerando o contexto histórico, estabeleça a diferença, quanto à origem, entre os escravos gregos e os escravos romanos.

12. Os proprietários romanos tinham consciência dos riscos a que estavam expostos com a utilização do trabalho escravo? Justifique sua resposta analisando a orientação sugerida por Lúcio Moderato Columella.

13. Pelo fato de a legislação romana prever a libertação dos escravos em determinadas circunstâncias, podemos afirmar que a escravidão não foi aplicada em toda sua amplitude e que, embora escravista, essa sociedade era menos espoliativa do que as demais sociedades da Antiguidade? Justifique sua resposta.

14. Que correntes historiográficas têm se preocupado em analisar o escravismo antigo? Quais as diferenças entre elas?

15. Como se explica a inexistência de movimentos abolicionistas na Antiguidade?

16. Pelo fato de terem existido longos períodos sem que ocorressem insurreições de escravos, na Antiguidade, podemos concluir que eles se sujeitaram docilmente a tal situação? Justifique sua resposta.